\手のひらサイズで楽しむ/

はじめての
多肉植物の寄せ植え

平野純子

家の光協会

Introduction
はじめに

ぷくぷくして、色も質感も魅力的な葉を持ち、
とてもかわいらしい多肉植物。
丈夫で育てやすく、水やりも多くは必要としないので、
寄せ植えにしても自由度が高く、
雑貨がとてもよく似合います。
植える器は、普段使いのマグカップだったり、
身近な器やキッチングッズでも、チャーミングなひと鉢に。
特にジャンクな空き缶に植えれば、
びっくりするほど生き生きとすてきに見えるのです。
好きな器や空き瓶を用意して、
お気に入りの多肉植物をちょっと植えたら、
とびきりかわいい寄せ植えになります。

この本では、私がいままでいろいろ試してきた、
身近な空き缶や空き瓶、100円グッズや生活雑貨を使って、
多肉植物にぴったりの手作りの器を作る新しいアイディアや、
育てやすくて寄せ植えに向いている多肉植物の組み合わせの中から、
みなさんに喜んでいただけるような作品を
選りすぐって、紹介しています。
ぜひヒントにしていただき、
あなただけの多肉植物の世界を楽しんでみてください。

平野純子

手のひらサイズで楽しむ
はじめての
多肉植物の寄せ植え
Contents

はじめに……3

本書をお使いになる際に……5

多肉植物をとことん楽しむための
この本の特長……6

Chapter 1
かわいい多肉植物の
基本の育て方

基本の用具、置き場所と水やり……8

おすすめの用土……9

苗の種類と準備……10

基本の植えつけ 1 単頭タイプ……11

基本の植えつけ 2 群生タイプ……12

鉢底穴がない器への植え方……13

基本の寄せ植え……14

寄せ植えのコツとバリエーション……16

Chapter 2
すぐできる!
多肉植物の手軽な寄せ植え

いろいろな器や鉢に
1 基本のリメイク鉢に植える……18

2 ゼリーカップとミニポットのアーン……20

3 空き瓶をちょっとかわいく……22

100円グッズを使って
1 ミニバケツに穴をあけて……24

2 レードルで小さなハンギング……26

3 プリンカップがティーポットに……28

空き缶をリメイクして
1 サバ缶で基本のリメイク缶……30

2 サバ缶とウッドビーズで北欧の鍋……32

3 ツナ缶をビンテージ風の鳥かごに……34

4 トマト缶で作るコーヒーポット……36

5 トマト缶で北欧トロールのおうち……38

6 イワシのみそ煮缶のアンティークバスケット……40

7 小さいコーン缶をメリーゴーランドに……42

8 サンマの蒲焼き缶のフェンスつきミニ花壇……44

型紙は最終ページにあります
本書では、寄せ植えの器となる鉢や缶などに模様を写し取る方法として、「消しゴムはんこ」や「ス
テンシル」などを紹介しています。同じ模様が手軽にできるオリジナルの型紙は最終ページに掲
載しています。また、ワイヤーを使った作品の型紙もありますので、あわせて活用してください。

Chapter 3

季節感あふれる
12か月の寄せ植え

1月　コーン缶を門松風の寄せ植えに……46
2月　バレンタインのブリキ缶入りハート……48
3月　ドングリの小さなひな祭り……50
4月　イースターを祝うウサギの耳……52
5月　トマト缶をこいのぼりにリメイク……54
6月　瓶のふたでころころカタツムリ……56
7月　ツナ缶とコーナーガードがうきわに……58
8月　海を感じる空き瓶のハンギング……60
9月　ろうと&木粉ねんどでキノコ狩り……62
10月　ハロウィンのリメイク鉢に寄せ植え……64
11月　サンマの蒲焼き缶で収穫祭の一輪車……66
12月　ケーキ型とサバ缶のクリスマスリース……68
12月　小さいコーン缶をシャルロットケーキに……70

Chapter 4

寄せ植えやアレンジに使いたい
カラー別
多肉植物図鑑

赤〜オレンジ系に色づくグループ……72
紫〜ピンク系に色づくグループ……73
黄〜黄緑系に色づくグループ……76
緑〜淡い緑系で比較的色の変化が少ないグループ……77
青緑色系で比較的色の変化が少ないグループ……80
シルバー系で葉色の変化が少ないグループ……81
白い斑入りの葉で葉色の変化が少ないグループ……82

Chapter 5

多肉植物の
育て方と管理のコツ

多肉植物の生育サイクル［春秋型］……84
多肉植物の生育サイクル［夏型］…… 85
多肉植物の生育サイクル［冬型］……86
夏越しと冬越しのポイント……87
多肉植物の手軽なふやし方……88
寄せ植えのリフォーム……89
かわいい器を作る道具や資材……90
小さな寄せ植えに役立つDIY……92

多肉植物や材料の購入先とネットショップ……94

植物図鑑索引……95

─────────────
●**本書をお使いになる際に**
＊植物のほか、100円ショップやホームセンターの資材などは、時期や販売する業者の都合により同じものが購入できないことがあります。その場合は類似のもので代用してください。
＊DIYの作業については、できるだけ簡単にできる方法を紹介しています。長さや量は、すべて目安です。缶についてはP93を参照してください。
＊Chapter 4では、おすすめの植物の主なデータ、特徴と育て方のヒントを紹介しました。なお、科名などは分類生物学の成果を取り入れたAPG体系に準拠しています。

＊植物データについては、関東平野部以西を基準にしています。

多肉植物をとことん楽しむための
この本の特長

おなじみのサバ缶など、
身近にあるものを器に
仕立てる。

少しのアレンジで
北欧風の鍋に大変身。
多肉植物をシチューに
見立てました。

1 多肉植物に似合う
鉢や器が作れる

サバ缶やトマト缶、ジャムの空き瓶、100円
グッズで、びっくりするほどかわいくて多肉
植物によく似合う鉢や器が作れます。ちょっ
との手間で驚きのBefore & Afterに！

多肉植物の色彩や配置などを表現した
「配色レシピ」つき。

器や鉢に
ぴったりの多肉植物を
セレクトした
実例を紹介。

A・グラプトペタルム
　マクドガリー
B・グラプトセダム 秋麗

2 ぴったりのカラーリングが
わかる

それぞれの作品に、植える際の配置がひと目
でわかる「配色レシピ」をつけました。ぴっ
たりの寄せ植えを作るための設計図です。同
じ多肉植物がないときも、近い色味の多肉植
物を選べば失敗しません。Chapter4の多肉
植物図鑑は色別のグループ分けで、サイズ感
や役割もわかります。

寄せ植えの実例ごとに、
適した水やりの仕方を説明。

置き場所など、管理の
ポイントもわかりやすく解説。

3 寄せ植えのかわいさが
長もちする

それぞれの実例は、適度に根が伸びるスペー
スを考えて鉢や器を選んでいるので、かわい
い状態が長もちします。また、きゅっと締まっ
た魅力的な姿で育てるために、適した置き場
所、水やりの仕方などの管理方法もていねい
に記載しました。

Chapter 1

かわいい多肉植物の
基本の育て方
How to grow SUCCULENTS

多肉植物を植えて育てるには、どんな用土や用具を使って、
どんな環境に置けばよいかをマスターしましょう。
1種類を1鉢に植えてもかわいいですが、
すてきな寄せ植えにしてみましょう。
まず、基本の植え方や育て方を紹介します。

基本の用具

はじめて多肉植物を育て、寄せ植えを作って楽しむときに、揃えておきたい用具を紹介します。ホームセンターや園芸店のほか、100円ショップやオンラインショップでも購入できます。実際に手にとってみて、使いやすいものを選ぶのがおすすめです。

土入れ
小さな隙間に用土を入れることが多いため、細くて小さいものが便利。

ピンセット
小さな寄せ植えなら、長さ12～15cmの標準的な大きさのものが使いやすい。

割り箸
狭い場所や鉢の隙間まで用土をきちんと入れるのに便利。軽く突いて用土を詰める。

スプーン
用土を足し入れたり、砂利やゼオライト、固まる土などの資材を入れるときに便利。

鉢底ネット
用土が鉢底の穴から出るのを防ぐために使用。鉢底穴よりも大きめに切り、鉢底に敷く。

鉢
小さな鉢は、水抜き穴が小さくて水はけが悪いことがある。穴の大きさを確認して購入。

ハサミ
苗の株分けや切り戻しなどに。さびにくいステンレス製で、先端の細いタイプがおすすめ。

水さし
軽く押すと水が出て、葉に水がかからないように用土に水やりできる。先端が細いので使いやすい。

置き場所と水やり

植えつけた多肉植物は、どこで育てるかで、長くかわいい状態がどれだけ維持できるかが変わります。同じ庭やテラスの中でも、置き場所によって少しずつ環境が異なります。また、水やりは栽培の基本となるため、コツを押さえておきましょう。

屋外の日当たりがよい台の上

多くの多肉植物は日当たりを好む。雨よけのひさしがある屋外で、風通しがよい台の上が理想。夏は明るい半日陰が適し、それ以外は日当たりのよい場所に。また、日照不足だと鮮やかに紅葉しない。

室内なら明るい窓辺に

基本は屋外の日当たりのよい場所で育てるが、室内なら明るい窓辺に置き、数日おきに屋外に出すなどの工夫を。日照不足になると間延びしてしまい、節間が開いてだらしない姿になる。

強い日差しが苦手な種類もある

ハオルチアや白い斑入り種、葉色が薄い種類などは、強い直射日光に当たると葉焼けしてしまうことがある。屋外の明るい半日陰や室内の明るい窓辺など、様子を見ながら置き場所を変えてみよう。

水やりのコツは、用土が乾いてからたっぷりと

水は葉にかけず、株元の用土に、鉢底穴から水が出るまで与える。次の水やりは、用土が完全に乾くまで待ち、毎回たっぷりと与えるのがポイント。

鉢底穴がない器の水やり

1
食器や瓶などの底に穴がない器に植えるには、容器の底を覆うくらいの根腐れ防止剤（ゼオライト、ケイ酸塩白土など）を入れる。

2
水やりは、入れすぎて水が溜まらないように注意し、器の深さの1/4～1/3程度、用土が湿るくらいの水を入れる。

1/4～1/3を目安に

おすすめの用土

乾燥した環境に適応する多肉植物には、用土に水はけと通気性があることが最も重要です。水やりしたときに、底の穴から水がすーっと抜ける状態になるようにしましょう。市販の培養土を利用する際にも、水の抜け方を選ぶ目安にします。

市販の草花用培養土	ゼオライト	桐生砂	硬質赤玉土（小粒）	鉢底石

バーク堆肥やピートモスが多くブレンドされている。そのまま多肉植物に使うには水はけが悪い。	多孔質*で水質浄化作用があり、器の底に敷いたり用土に入れると根腐れを予防できる。	多孔質*で通気性があり、粒が崩れにくい。水はけをよくするために用土に混ぜて使用する。	園芸の基本用土のひとつで、褐色で粒状。弱酸性で通気性と排水性、保肥性がある。	軽石などを焼成して作られたもの。排水性を高めるために鉢の底に入れて使用する。

手軽な配合用土

本書で「用土」と記載しているところは、すべてこの「手軽な配合用土」を使用しています。

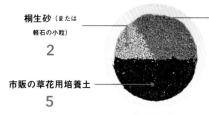

桐生砂（または軽石の小粒）
2

硬質赤玉土の小粒
3

市販の草花用培養土
5

よく混ぜて使う

固まる土 の使い方

水で練ると粘り気が出てまとまり、乾くと形を保ったまま固まる用土です。多肉植物を立体的に植えつけられます。

ネルソル®
吉坂包装株式会社
https://www.dream-craft.jp/

特殊なポリマー樹脂が配合されており、水を加えて混ぜると粘りが出て土の粒を結着し、壁掛けや球状などに多肉植物を植えられます。土そのものの保水性が高いわけではなく、完全に乾燥すると水をはじきやすくなりますが、水を張ったバケツなどに器ごと全体を10分ほどつけると元に戻ります。

● **用意するもの**
固まる土、ボウルなどの容器、スプーン、水を入れた水さし

1 使う分量をボウルなどに出し、少しずつ水を加える。

2 水の量を加減しながらよく混ぜて、全体をなじませる。

3 数分そのまま待つと、やがて粘り気が出てくる。

4 ネバネバと糸を引き、まとまるようになったらできあがり。

＊多孔質（たこうしつ）の用土／表面に小さな穴がたくさんあって水はけや通気性がよく、適度な保水力も兼ね備えている。

苗 の 種 類 と 準 備 🌱

多肉植物の苗には、いろいろなサイズがあります。
寄せ植えを作る際には、
主に3通りの準備の仕方があります。

多肉植物のポット苗の主な規格。上段の左から時計回りに
3号ポット、2.5号ポットが2つ、下段の左から2号ポット、
1号ポット2つ。
＊1号＝直径約3㎝

＊根鉢（ねばち）
植物をポットや鉢から抜いたとき
に、根と土が固まってひとつの塊に
なった部分のこと。

① 単頭や木立ち状のタイプ

→ 根鉢の用土を落として
スリムに整える

中心にロゼット状や木立ち状の大きな多肉植
物がひとつあるタイプや、大きな親株の周り
に子株が出るタイプは、ポットから静かに苗
を抜いてから、肩、側面、下側の用土をやさ
しく落とす。元の1/3くらいになるように整
える。

② 群生や株立ち状のタイプ

→ できるだけ根をつけて
株分けする

株立ち状に多数の苗が入っている、クラッス
ラやコチレドン、大きめのセダムなどは、ポッ
トから静かに苗を抜いてから下側の1/3の根
鉢を取る。あまり根を切らないように気をつ
けながら苗を広げ、1本ずつ根をつけたまま
用土をやさしく落として小分けにする。

③ 挿し芽苗を作る場合

→ 木立ち状や株立ち状に
伸びた茎を切って挿し芽苗に

茎を切って挿し穂状にし、ピンセットでつか
んで植える場合。セダムやクラッスラ、グラ
プトベリアなどに。茎をできるだけ長くつけ
てハサミで切る。葉が大きめのものは、下側
の葉を数枚取り外すと植えやすい。葉が細か
いものはそのまま植えつける。

鉢の中心に
バランスよく

基本の植えつけ**1**
単頭タイプ

エケベリアやパキフィツム、
グラプトベリアなど、大きな親株を中心に
子株をふやして育っていくタイプです。

ひと鉢に主役となる株を1種類、
鉢の中央に植えつけます。

●使った多肉植物
A・エケベリア ファンクイーン
鉢のサイズ＝直径7.5cm、高さ7.5cm

用意するもの

鉢（2.5号：直径7.5cm、高さ7.5cm）、
用土、土入れ、割り箸、鉢底ネット、
水さし

【苗】エケベリア ファンクイーン 2
号ポット

 長もちさせる管理のコツ
how to care

鉢底穴から水が流れ出るまで水やりす
る。日当たりと風通しのよい場所に置
き、用土が乾いてから水やりする。

1

鉢底穴よりも大きめに鉢底ネットを切り、
鉢底に敷く。

2

土入れで深さ1/4〜1/3の用土を入れる。

3

苗を静かにポットから抜く。

4
このひと手間で
長もちする

株元に傷んで茶色くなった葉があったら取
り除く。

5
根張りが
よくなる

根を軽くほぐして整える。

6
株の表情や向きを
よく見る

バランスや向きを見ながら、苗の地上部が
鉢の中心になるように据える。

7

土入れに用土を入れ、ずらしながら鉢の隙
間に用土を足し入れる。

8

箸で突いて鉢の中にしっかりと用土を詰め
る。

花束みたいに
束ねて植える

基本の植えつけ 2
群生タイプ

セダムやクラッスラ、コチレドンなど、
複数が株立ち状に生えて
成長するとボリュームが出るタイプです。

一度株をほぐしてから束ねて、
バランスよく植えつけます。

●使った多肉植物
A・セダム ビアホップ
鉢のサイズ＝直径7.5cm、高さ7.5cm

用意するもの

鉢（2.5号、直径7.5cm、高さ7.5cm）、
用土、土入れ、割り箸、鉢底ネット、
ピンセット、水さし
・・・・・・・・・・・・・・・・・・・・・・・・・・・・
【苗】セダム ビアホップ 2号ポット

長もちさせる管理のコツ
how to care

鉢底穴から水が流れ出るまで水やりする。日当たりと風通しのよい場所に置き、用土が乾いてから水やりする。

1

鉢底穴よりも大きめに鉢底ネットを切り、鉢底に敷く。

2

土入れで深さ1/4 〜 1/3の用土を入れる。

3

苗を静かにポットから抜く。

4

根をつけて
ほぐす

株元に傷んだ葉があれば取り除き、根がついたまま、1本ずつになるようにほぐす。

5

やさしく
束ねる

苗を花束のように軽く束ねる。

6

束ねたまま、苗を鉢の中心に据え、位置をずらしながら鉢の隙間に用土を足し入れる。

7

高さが揃っていない苗はピンセットで根元をつかんで用土に突き刺すように植える。

8

箸で突いてしっかりと用土を詰め、苗を安定させる。

鉢底穴がない器への植え方

マグカップなど、鉢底に水抜き穴がない器や
生活雑貨などに多肉植物を植える方法を説明します。

苗の株元は
同じ高さに
そろえる

●使った多肉植物
A・アエオニウム 黒法師
B・セダム ダシフィルム

用意するもの

マグカップ（直径7.5㎝、高さ8.5
㎝）、ゼオライト、用土、土入れ、
割り箸、水さし、ピンセット

‥‥‥‥‥‥‥‥‥‥‥‥‥‥‥‥‥‥‥‥‥

【苗】アエオニウム 黒法師、セダム
ダシフィルム：ともに2号ポット

長もちさせる管理のコツ
how to care

明るく風通しのよい屋外に置き、水やり
は1週間〜10日に1回程度、器の底か
ら約1/4の量をイメージして少量を与
える。水を入れすぎたら手で多肉植物を
押さえたまま器を軽く
傾けて水を流す。

1

マグカップの底にスプーンで2杯分、器の
底が隠れるくらいのゼオライトを入れる。

2

1で底に敷いたゼオライトが隠れる程度の
量の用土を足し入れる。

3 苗の準備 P10参照

黒法師の苗を静かにポットから抜き、根鉢
の肩と下側をやさしく取って元の1/3くら
いにする。

4

バランスや向きを見ながら苗の地上部が鉢
の中心になるように据え、少量の用土を足
し入れる。

5

箸で突いて用土を詰める。根鉢の高さが器
の縁から2〜3㎝下がった位置にする。

6

ダシフィルムの苗をポットから静かに抜
く。

7 苗の準備 P10参照

根鉢の下側の約1/2を切り取り、苗を広げ
てほぐす。

8

ピンセットで**7**を数本まとめてつかみ、**5**
の用土の部分に苗の根を差し込む。用土の
全面に同じ高さにそろえて植える。

基本の寄せ植え

中心に主役になる大きめの
苗を配置し、周囲に
葉の小さな苗を植えると、
バランスがよい寄せ植えに
仕上がります。

前方から見て
バランスよく!

中央に植える株は
ボリューム感があるものに。
隙間に葉が小さい種類を
植えつけます。

鉢のサイズ／直径7.5cm、高さ7.5cm

1 鉢底穴よりも大きめに鉢底ネットを切り、鉢底に敷く。

2 土入れで深さ1/3ほど用土を入れる。

3 苗の準備 P10参照
キュービックフロストの苗を静かにポットから抜く。

4 根鉢の肩と下側をやさしく取る。元の1/3くらいになるように。

5 苗の準備 P10参照
群月花の苗をポットから静かに抜く。

6 根をつけて1本ずつに株分けする。
株と根のつき方をよく見る

7 このひと手間で長もちする
株元に茶色く傷んでいる葉があれば取り除く。

8 株分けした苗を2本用意し、根鉢をスリムに整える。

9 苗の準備 P10参照
アクレ アウレウムの苗をポットから抜く。

用意するもの

配色レシピ
color recipe

A・エケベリア キュービックフロスト
B・セデベリア 群月花
C・セダム アクレ アウレウム

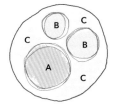

鉢（2.5号、直径7.5㎝、高さ7.5㎝）、用土、土入れ、割り箸、鉢底ネット、ピンセット、水さし

....

【苗】エケベリア キュービックフロスト2号ポット、セデベリア 群月花3号ポット、セダム アクレ アウレウム2号ポット

10 根鉢を1/3くらいまで落としてから小分けにしてまとめる。

11 使う苗の準備ができた。根鉢の整え方はこの程度を目安に。

花束のように
株を束ねる

12 キュービックフロストと群月花の苗を束ね、鉢の中心にまとめて入れる。

13 苗を片手で押さえ、土入れで鉢の隙間に用土を足し入れる。

14 鉢の中に隙間ができないように、箸で突いてしっかりと用土を詰める。

15 アクレ アウレウムの苗をピンセットで挟み、縁側の隙間に植えつける。

16 3つの大きな苗の間にアクレ アウレウムを差し込むようにさらに植えていく。

長もちさせる管理のコツ
how to care

鉢底穴から水が流れ出るまでたっぷりと水やりする。日当たりと風通しのよい場所に置き、用土が乾いてから水やりする。

寄せ植えのコツと
バリエーション

寄せ植えには
全体のシルエットをイメージすることや
用土を工夫するなど、
美しく見せるコツがあります。

シルエット **A**

草丈が高いものを後方に植え、次に中段にボリュームがあるものを、手前に草丈が低いものを植えます。
【用土：多肉植物の用土】

後方から
高→中→低の
順で植える

1 高いものを背景に

2 中段に
大きめのものを

3 低いものを
手前に

配色レシピ

A・セダム 春萌
B・セデベリア スノージェイド
C・クラッスラ 紅稚児

＊1つはアクセントになる色味を選び、
残りは同系色でまとめるとよい。

シルエット **B**

中心に大きめのものを花束のように束ねて植え、次に後方に広がるものを、手前には垂れるものを植えます。
【用土：多肉植物の用土+固まる土】

中心を
束ねて植え、
後方→手前は
垂らす

1 中央に大きめを
束ねて

2 後方は周囲に
広がるもの

3 手前には垂れて
動きがあるもの

配色レシピ

A・エケベリア 白牡丹
B・グラプトセダム ブロンズ姫
C・エケベリア クリスタル
D・クラッスラ ブロウメアナ
E・セネシオ グリーンネックレス

＊1つはアクセントになる色味を選び、
残りは同系色でまとめるとよい。

シルエット **C**

主役になる大きめのものを中央あたりに植え、小さめのもので間を埋めていきます。
【用土：固まる土】

大きめを中心に、
間に小さめを
植える

1 大きめのものを
中央あたりに

2 隙間を小さめのもので
バランスよく

配色レシピ

A・グラプトペタルム マクドガリー
B・グラプトセダム 秋麗

＊主役の色味と、それとは異なる色の
2種類を選ぶとよい。

シルエット **D**

全体をつなぐベースとなるものを植え、その間に2種類の色味のアクセントとなるものを差し込みます。
【用土：多肉植物の用土】

ベースになるもの
↓
アクセントを加える

2 目立つアクセントと
なるものを

1 ベースとなるもの
を全体に

3 別の色味を
アクセントに
散らす

配色レシピ

A・セダム ダシフィルム パープルヘイズ
B・セダム トリカラー
C・セダム アクレ アウレウム

＊異なるアクセントになる色味を選び、
ベースは落ち着きがある色味に。

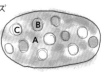

シルエット **E**

中心に大きなものを、次に草丈が高いものを後方に植え、草丈が低く広がるものを手前に植えます。
【用土：多肉植物の用土】

中心を植え、
背景→低く広がる
ものを

1 主役の大きめの
ものを中心に

2 背景に高いものを
絡ませる

3 低くて広がる
ものを手前に

配色レシピ

A・グラプトペタルム だるま秋麗
B・クラッスラ リトルミッシー
C・クラッスラ ブロウメアナ

＊主役に目を引く色味を選び、残りは淡めの色でまとめる。

すぐできる！

多肉植物の手軽な寄せ植え

Lovely Container SUCCULENTS

空き缶や空き瓶、100円ショップやホームセンターで
入手できるシンプルな鉢に手を加えると、
多肉植物にぴったりな器に大変身。
アイディアと簡単なDIYで、
とてもすてきな寄せ植えができます。

基本のリメイク鉢に植える

100円ショップやホームセンターによくあるシンプルな鉢をかわいい色に塗り、
消しゴムはんこでポイントをつけました。

これを使います

シンプルな
2.5号の素焼き鉢
100円ショップで3個1組、また
はホームセンターで入手できる。

型紙A
本書の最後のページをコピーし
て用意。ここでは右側のパター
ンを使う。

配色レシピ
color recipe

[右]
A・セダム 春萌
B・セデベリア スノー ジェイド
C・クラッスラ 紅稚児
[左]
D・エケベリア キュービックフロスト
E・セデベリア 群月花
E・セダム アクレ アウレウム

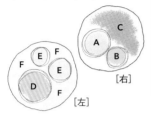

用意するもの (左ページの写真・左)

素焼き鉢 (2.5号、直径7.5cm、高さ7.5cm)、型紙、スポンジ、牛乳パック片、トレーシングペーパー、消しゴム、アクリル絵の具 (茶色、クリーム色)、カッター、鉛筆、筆、用土、土入れ、割り箸、鉢底ネット、ピンセット、水さし

【苗】エケベリア キュービックフロスト、セデベリア 群月花、セダム アクレ アウレウム

1

花の型紙の上にトレーシングペーパーを固定し、鉛筆で上からなぞる。

2

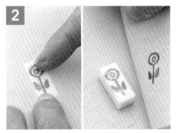

1を裏返して消しゴムの上に置き、爪で強くこすって絵を写す。

3

2の表面の白い部分をカッターで切り取り、消しゴムはんこを作る。

4

内側も縁から約3cm塗るとよい

鉢の側面にクリーム色のアクリル絵の具を塗り、少しおいて乾かす。

5

塗料が少しつく程度に調節する

牛乳パック片の上に茶色のアクリル絵の具を少し出し、スポンジに軽くつける。

6

4の塗料が乾いたら、鉢の縁や底側に5のスポンジを軽くたたき、アンティーク加工をする。

7

3の消しゴムはんこに茶色のアクリル絵の具をつけ、6の側面に3回並べて押す。

8

基本の寄せ植え
P14-15参照

7の塗料が乾いたら鉢底ネットを敷き、苗をポットから抜いて、根鉢を整えて植えつける。

長もちさせる管理のコツ
how to care

植えた後は、鉢底穴から水が出るまで水やりする。
明るく風通しのよい屋外に置く。水やりは1〜2週間に1回、たっぷりと与える。

ゼリーカップと
ミニポットのアーン

ゼリーカップと
苗が入っていた1号ポットを接合したら、
洋書のガーデンに登場するような
おしゃれなアーン*に大変身です。

これを使います

アルミ製の
ゼリーカップ

側面に凹凸がある菊型で直径約
7cmのゼリーカップ。

1号の
プラポット

小さめの苗が入っていたプラス
チック製の1号ポット。

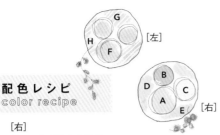

配色レシピ
color recipe

[右]
A・エケベリア 白牡丹
B・グラプトセダム ブロンズ姫
C・エケベリア クリスタル
D・クラッスラ ブロウメアナ
E・セネシオ グリーンネックレス
[左]
F・グラプトペタルム だるま秋麗
G・セダム 斑入りマルバマンネングサ
H・オトンナ ルビーネックレス

1 ゼリーカップまで穴を貫通させる
ゼリーカップと1号ポットの底面を合わせ、1号ポットを上にして、キリを底穴に刺してゼリーカップに4つ穴をあける。U字に曲げたワイヤーを穴に差し込む。

2 外側に折って留める
1を裏返してゼリーカップを手前に向け、1のワイヤーをラジオペンチの先で外側に折り曲げて固定する。

3 プライマーで下塗りすると塗料がしっかり塗れる
2の側面と、内側の縁から2cmくらいまでプライマーを塗る。

4 3が乾いたら、プライマーの上に、こげ茶色のアクリル絵の具を塗る。

5 塗料が少しつく程度に調節する
牛乳パック片の上に白色のアクリル絵の具を少し出し、スポンジで軽くたたく。

6 固まる土の使い方 P9参照 ここがPOINT
5が乾いたらカップの2/3の深さまで、土入れで用土を入れ、水で練った固まる土を上に盛り上げるように入れる。

7 基本の寄せ植え P14-15参照
苗をポットから抜き、根鉢をスリムに整えて白牡丹、ブロンズ姫、クリスタルを植えつける。

8 ピンセットでグリーンネックレス、ブロウメアナをつかみ、カップの縁側に差し込むように植える。

長もちさせる管理のコツ
how to care
固まる土に水が含まれているので、植えた直後の水やりは不要。明るく風通しのよい屋外に置き、水やりは1～2週間に1回、カップの底穴から水が出るまで与える。

*アーンとは、ヨーロッパの伝統的な脚つきの鉢で、エレガントなカップ形のデザインが特徴です。

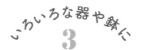

いろいろな器や鉢に **3**

空き瓶をちょっとかわいく

小さなジャムやハチミツの瓶に、小さな苗を植えてカラフルな麻ひもを結んでみましょう。
瓶の底には水質浄化作用があるゼオライトを入れます。

配色レシピ
color recipe

A・パキフィツム 月美人
B・セダム ラベンダー
C・セダム ロッティー
D・カランコエ ゴールデンラビット
E・セダム ウィンクレリー

用意するもの (写真中央)

ジャム瓶（直径4cm、高さ4.5cm）、麻ひも：約27cm、ゼオライト、用土、土入れ、割り箸、水さし

【苗】セダム ロッティー

これを使います

ミニサイズの
ジャム瓶

使い切りサイズの直径4cm、高さ4.5cmのジャム瓶。

苗の準備　P10参照

 長もちさせる管理のコツ
how to care

瓶の側面から量を見ながら、底から1/4〜1/3量の水を水さしを使って静かに与える。明るく風通しのよい屋外に置き、水やりは週に1回ほど、土を湿らせる程度に与える。

水は底から
1/4〜1/3の量に

1 瓶の底に深さ1cm分のゼオライトを入れる。水質浄化作用が期待できる。

ここが
POINT

2 **1**の上から1/3の深さまで、土入れで用土を入れる。

3 苗をポットから静かに抜く。

4 根を器に入るくらいにし、根鉢をスリムに整える。

5 **2**の中央に**4**を配置し、正面からきれいに見える向きに据える。

縁から少し
下がった位置まで

6 土入れを少しずつずらしながら外側から用土を足し入れる。

7 瓶の縁側を箸で突いて用土をしっかりと詰める。

8 麻ひもを瓶の縁に巻いてリボン結びにする。

多肉植物の葉色を引き
立てる色の麻ひもを

ミニバケツに穴をあけて

身近にある生活雑貨に、ちょっと手を加えてかわいい鉢に。
インテリア用のミニバケツの底に穴をあけて使いました。

これを使います

**木製ハンドルの
ミニバケツ**

ブリキ製で小物などを入れて飾
る直径7cmのインテリア雑貨の
バケツ。

用意するもの（左ページの写真・右）

ミニバケツ（直径7cm、高さ6cm）、太いくぎ、金づち、ピンセット、用土、土入れ、割り箸、水さし

【苗】グラプトベリア デビー、セダム 天使の雫、クラッスラ リトルミッシー

配色レシピ
color recipe

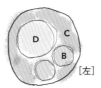
[左]

[左]
A・エケベリア フロスティ
B・セダム シェクトパーズ
C・クラッスラ ブロウメアナ
[右]
D・グラプトベリア デビー
E・セダム 天使の雫
F・クラッスラ リトルミッシー

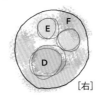
[右]

1
太いくぎと金づちでミニバケツの底に水抜き穴を2〜3個あける。

2
バケツの1/3の深さまで、土入れで用土を入れる。

3 苗の準備　P10参照
苗をポットから抜き、根鉢をスリムに整える。

4
ここがPOINT
デビーと天使の雫を束ねて花束のように整える。

5
2の中央に4を配置し、形がくずれないように据える。

6 縁から少し下がった位置まで
土入れを少しずつずらしながら外側から用土を足し入れる。

7
中央の株の隙間やバケツの縁を箸で突いて用土をしっかりと詰める。

8
ピンセットでリトルミッシーを数本つかみ、バケツの縁側に差し込むようにして植える。

長もちさせる管理のコツ
how to care

植えた後は、水抜き穴から水が出るまで水やりする。明るく風通しのよい屋外に置き、水やりは1〜2週間に1回、たっぷりと与える。

レードルで小さなハンギング

100円ショップでみつけた水切り穴があるレードルを、壁掛けタイプのミニハンギングに。
マスキングテープでアクセントをつけました。

これを使います

**水切り穴つき
レードル**
樹脂製で底に水切り穴がある直
径7～9cmのレードル。

マスキングテープ
レードルの柄のアクセントにな
るおしゃれな模様がついたもの。

配色レシピ
color recipe

[右]
A・エケベリア トップスプレンダー
B・グラプトベリア 薄氷
C・セダム グラウコフィラム
D・セネシオ グリーンネックレス
[左]
E・グラプトペタルム マクドガリー
F・グラプトセダム 秋麗

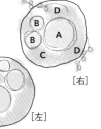

[右]

[左]

用意するもの（左ページの写真・左）

水切り穴つきレードル（直径7〜9cm、高さ25cm）、マスキングテープ（幅1cm）、スポンジ、牛乳パック片、ハサミ、ピンセット、筆、アクリル絵の具（薄い黄緑色、茶色）、プライマー、固まる土、土入れ

【苗】グラプトペタルム マクドガリー、グラプトセダム 秋麗

1

側面も忘れずに

レードルの表面全体をプライマーで下塗りする。

2

1が乾いたら、全体に薄い黄緑色のアクリル絵の具を塗り、20〜30分乾かす。

3

塗料が少しつく程度に

牛乳パック片の上に茶色のアクリル絵の具を出し、スポンジでたたいて量を調整しながら2の縁にアンティーク加工する。

4

テープを手でちぎると自然な感じに

3が乾いたら、柄の部分に長さ4〜6cmにちぎったマスキングテープを貼る。

5

固まる土の使い方 P9参照

ここがPOINT

水で練った固まる土をカップ部分に盛り上げるように入れる。

6

苗の準備 P10参照

マクドガリーの苗をポットから抜き、根鉢をスリムに整える。秋麗は茎を長くつけてカットする。

7

片手で押さえて固定する

ピンセットでマクドガリーをつかみ、5の中心部分から外側に向けて差し込むように植える。

8

土が見えないように隙間を埋める

ピンセットで秋麗をつかみ、カップの縁側や空いているところに差し込むように植える。

長もちさせる管理のコツ
how to care

固まる土に水が含まれているので、植えた直後の水やりは不要。明るく風通しのよい屋外に吊るし、水やりは週に1〜2回、土全体が湿る程度の水を与える。

プリンカップ が ティー ポットに

100円ショップのフタつきミニプリンカップに
ストローで注ぎ口をつけた小さなティーポット。
ワイヤーのハンドルを取りつけました。

これを使います

ミニプリンカップ
4個100円のふたつき
ミニプリンカップ。ふ
たは使いません。

**タピオカ用の
ストロー**
タピオカドリンク用の太い
ストロー。直径1.2cm。

配色レシピ
color recipe

[右]
A・セダム 松姫
B・セダム ウィンクレリー
C・セダム アクレ アウレウム
[中央]
D・グラプトセダム 秋麗
E・セダム トリカラー
[左]
F・セダム プロリフェラ
G・セダム ダシフィルム

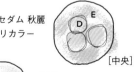

[右]

[中央]

[左]

用意するもの（上の写真・左）

ミニプリンカップ（直
径6cm、高さ5.3cm）、
タピオカ用のストロー
（直径1.2cmを3cm
分）、ワイヤー（#16
を9cm分、#20を16cm
分）、キリ、マスキン
グテープ、両面テー
プ、ハサミ、ラジオペ
ンチ、ピンセット、筆、
割り箸、アクリル絵の
具（水色）、プライ
マー、用土、土入れ

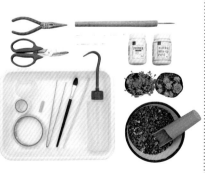

【苗】セダム プロリフェラ、
セダム ダシフィルム

ミニプリンカップの底にキリで2つ、水抜き穴をあける。

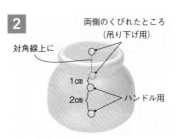

両側のくびれたところ
（吊り下げ用）
対角線上に
1cm
2cm
ハンドル用

１の側面のくびれたところに2つとハンドル用に片側だけに2cm間隔で2つ、キリで穴をあける。

内側で曲げる

#16のワイヤーをU字に曲げて側面にあけた穴に差し込み、抜けないようにラジオペンチで内側に曲げて留める。

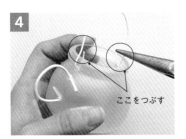

ここをつぶす

#20のワイヤーをU字に曲げて上側の穴に外側から通し、内側を上に曲げてつぶして留める。

タピオカ用のストローの先に5mmハサミを入れて6等分に切り込みを入れる。

ハンドルの反対側に両面テープを2cmくらい切って貼り付ける。

接着部分の厚みが
出ないように

ここが
POINT

５の切り込みを広げて６の上に貼り付け、上からマスキングテープで平らに固定する。

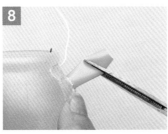

ストローの先が斜めになるようにハサミで切る。

表面全体をプライマーで下塗りする。

＊あれば漆喰塗料を少量混ぜて
2度塗りすると質感がアップする。

９が乾いたら、全体に水色のアクリル絵の具を塗り、20〜30分乾かす。

10が乾いたらカップの1/3の深さまで、土入れで用土を入れる。

苗の準備　P10参照

苗をポットから抜き、右上の写真を参考にして根鉢をスリムに整える。

基本の寄せ植え
P14 - 15参照

プロリフェラを束ねて花束のように整えて植える。株の周囲に用土を足し、箸で突いて用土を詰める。

ピンセットでダシフィルムを数本まとめてつかみ、カップの縁側や空いているところに差し込むように植える。

長もちさせる管理のコツ
how to care

植えた後は、水抜き穴から水が出るまで水やりする。
明るく風通しのよい屋外で育てる。水やりは1〜2週間に1回、たっぷりと与える。

サバ缶で基本のリメイク缶

用土がしっかり入るサバ缶は、大きさや形が多肉植物を植えるのにぴったり。
塗料を塗り、アクセントにマスキングテープを貼ります。

これを使います

サバ缶
サバのみそ煮や水煮などの空き
缶で、直径7〜8㎝。

マスキングテープ
缶のアクセントになるおしゃれ
な模様がついたもの。

＊缶の規格についてはP93を参照

配色レシピ
color recipe

[右]
A・セデベリア スノージェイド
B・セダム 斑入りタイトゴメ
[左]
C・セデベリア 群月花
D・セダム アルブム ヒレブランティ

[左]

[右]

用意するもの（左ページの写真・右）

サバ缶（直径7cm、高さ5cm）、
マスキングテープ（幅2cm）、
スポンジ、牛乳パック片、太い
くぎ、金づち、ラジオペンチ、
ピンセット、筆、割り箸、用土、
土入れ、アクリル絵の具（黄緑
色、茶色）、プライマー、
水さし

【苗】セデベリア スノージェイド、セダム 斑入りタイトゴメ

1

缶の縁は触ると危ないので、ラ
ジオペンチでつぶしておく。

2

太いくぎと金づちで**1**の缶の
底に3〜4個の水抜き穴をあけ
る。

3

塗料がしっかり塗れる

2の側面と内側の縁から2cmく
らいまでプライマーを塗る。

4

＊缶に目立つ模様が
あるときは、
2度塗りする。

3が乾いたら、プライマーの上
に、黄緑色のアクリル絵の具を
塗る。

5

塗料が少しつく
程度に調節

牛乳パック片の上に茶色のアクリル絵の具を少し
出し、スポンジで軽くたたく。

6

手でちぎると
自然な感じに仕上がる

ここが
POINT

5が乾いたら、マスキングテープ2cmを
手でちぎって貼り付ける。

7

缶の1/3の深さまで、土入れで用土を入れ
る。

8

苗の準備　P10参照

苗をポットから抜き、根鉢をスリムに整える。

9

基本の寄せ植え
P14 - 15参照

スノージェイドを束ねて**7**の中
心に入れ、周囲から用土を足し入
れて箸で用土を詰める。

10

ピンセットで斑入りタイ
トゴメをつかみ、縁側の
用土に差し込むように隙
間なく植える。

長もちさせる管理のコツ
how to care

植えた後は、水抜き穴から
水が出るまで水やりする。
明るく風通しのよい屋外で
育てる。水やりは1〜2週
間に1回、水抜き穴から水
が出るまで与える。

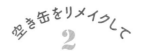

空き缶をリメイクして
2

サバ缶とウッドビーズで北欧の鍋

サバ缶にウッドビーズの取っ手をつけ、ペーパーナプキンをデコパージュしたら、
北欧調のかわいい鍋に大変身しました。

これを使います

サバ缶
サバのみそ煮や水煮などの
空き缶で、直径7〜8cm。

ペーパーナプキン
100円ショップで見つけた、
北欧調のかわいい柄のもの。

ウッドビーズ
100円ショップや手芸店で穴
の大きなウッドビーズを。

配色レシピ
color recipe

[左]
A・セダム 乙女心
B・セダム ゴールデンカーペット
[右]
C・セデベリア オレンジドリーム
D・セダム オノマンネングサ

[左]

[右]

*缶の規格についてはP93を参照

用意するもの（左ページの写真・左）

サバ缶（直径7cm、高さ5cm）、ウッドビーズ2個（1.5cm×7mm、穴3mm）、北欧調のペーパーナプキン、ワイヤー（#14を8cm×2本）、スポンジ、牛乳パック片、太いくぎ、金づち、キリ、ラジオペンチ、ハサミ、ピンセット、筆、割り箸、用土、土入れ、アクリル絵の具（ベージュ、茶色）、プライマー、デコパージュ液、水さし

【苗】セダム 乙女心、セダム ゴールデンカーペット

基本のリメイク缶 P30-31参照

1
*缶に目立つ模様があるときは、2度塗りする。

缶の縁をラジオペンチでつぶし、底に太いくぎで水抜き穴をあける。プライマーを塗って乾かし、ベージュのアクリル絵の具を塗る。

2
塗料が少しつく程度に調節

牛乳パック片の上に茶色のアクリル絵の具を少し出し、スポンジで軽くたたく。

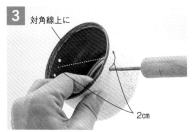

3
対角線上に
2cm

②が乾いたら、2cm間隔でキリを使って2つ穴をあけ、缶の対角線上にも2つ、合計4つの穴をあける。

4
ウッドビーズの中心にワイヤーを通し、コの字形に曲げる。これを2つ作る。

5
③の穴に④を差し込み、缶の内側にラジオペンチで曲げて固定する。

6
ペーパーナプキンから絵の部分をハサミで切り抜く。

7
ここがPOINT

2枚が1組になっているので、切れないように1枚ずつに剥がし、絵側のみ使う。

8
⑤の側面の中央に筆でデコパージュ液を塗る。

9
⑦で剥がした柄のあるペーパーナプキンを⑧の上から貼り付ける。

10
⑨の上からさらにデコパージュ液を塗り、しっかりと塗り固める。よく乾くまで30分くらいおく。

基本の寄せ植え P14-15参照

11
缶の1/3の深さまで土入れで用土を入れ、苗の根鉢を整えて乙女心→ゴールデンカーペットの順に植えつける。

 長もちさせる管理のコツ how to care

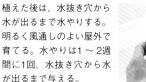

植えた後は、水抜き穴から水が出るまで水やりする。明るく風通しのよい屋外で育てる。水やりは1〜2週間に1回、水抜き穴から水が出るまで与える。

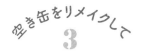

ツナ缶をビンテージ風の鳥かごに

ツナ缶にワイヤーで作ったケージを取り付けて多肉植物にぴったりの小さな鳥かごに。
シックなビンテージ風に仕上げました。

これを使います

ツナ缶

ツナの空き缶。標準的な
大きさは直径7㎝。

#18 のワイヤー

25㎝、30㎝、35㎝を各
1本、ケージ部分に使用。

＊缶の規格についてはP93を参照

[左]
A・セデベリア レティジア
B・セダム 銘月
C・センペルビウム パシフィックデビルズフード
D・セダム ゴールデンカーペット
E・セネシオ グリーンネックレス
[右]
D・セダム ゴールデンカーペット
F・エケベリア ピーチプリデ
G・セダム レフレクサム
H・セデベリア スノージェイド

配色レシピ
color recipe

[右]

E [左]

用意するもの （左ページの写真・左）

ツナ缶（直径7cm、高さ3cm）、ワイヤー（#18で25cm、30cm、35cmを各1本）、スポンジ、牛乳パック片、太いくぎ、金づち、キリ、ラジオペンチ、ピンセット、筆、割り箸、用土、土入れ、アクリル絵の具（茶色、こげ茶色）、プライマー、水さし

【苗】セデベリア レティジア、セダム 銘月、センペルビウム パシフィックデビルズフード、セダム ゴールデンカーペット、セネシオ グリーンネックレス

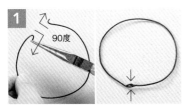

1 25cmのワイヤーを丸く曲げてラジオペンチで先端を90度違う向きに曲げ、引っ掛けてからつぶして輪にする。

2 35cmのワイヤーの中心を輪にして1回ねじり、中心に二つ折りにした30cmのワイヤーを重ねる。

3 2で1回ねじったところに30cmのワイヤーをはさみ、さらに1回ねじって固定する。

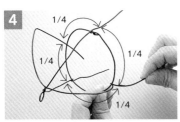

4 3のワイヤーを1の輪の内側に配置し、長さ1/2のところに1周回して取り付ける。ワイヤーは均等な間隔で輪に固定する。

5 4が取り付け終わったら、ワイヤーの形を上の写真のようにドーム型に整える。

基本のリメイク缶 P30-31参照

6 缶の縁をラジオペンチでつぶし、底に太いくぎで水抜き穴をあける。側面の縁側に対角線上に、キリで4つの穴を均等な間隔であける。

7 5のワイヤーの先を外側から6の穴の中へ入れ、上側を向けて曲げてペンチでつぶして固定する。

 ここがPOINT

8 ワイヤーを含めて全体にプライマーを塗って乾かし、茶色のアクリル絵の具を塗る。牛乳パック片の上にこげ茶色のアクリル絵の具を少し出し、スポンジで軽くたたく。

基本の寄せ植え P14-15参照

9 8が乾いたら、缶の底が見えなくなるくらいまで土入れで用土を入れ、苗の根鉢を整える。

10

奥から手前に植える

奥の銘月から手前に向かって苗を植え、グリーンネックレスをワイヤーに絡ませて仕上げる。

長もちさせる管理のコツ how to care

植えた後は、水抜き穴から水が出るまで水やりする。明るく風通しのよい屋外で育てる。水やりは週に1〜2回、水抜き穴から水が出るまで与える。

トマト缶で作るコーヒーポット

トマトの水煮缶に太いワイヤーで取っ手と注ぎ口をつけて、
シンプルなコーヒーポットに。開口部に多肉植物がよく似合います。

これを使います

トマト缶
トマトの水煮やピューレなどの
空き缶で、直径7〜8cm。

太いワイヤー
#8の太さ4mmのワイヤーで、ア
ルミ製のブロンズ色。

*缶の規格についてはP93を参照

配色レシピ
color recipe

[右]
A・セダム ロッティー
B・グラプトセダム リトルビューティー
C・クラッスラ 紅稚児
[左]
D・クラッスラ 姫花月
E・グラプトセダム ブロンズ姫
F・セダム リトルジェム

[右]

[左]

用意するもの（左ページの写真・右）

トマト缶（直径7cm、高さ11cm）、ワイヤー（#8を14cm×2本）、発泡スチロール（2cm×6cm）、接着剤、牛乳パック片、太いくぎ、金づち、キリ、ラジオペンチ、ピンセット、カッター、筆、割り箸、鉢底石、用土、土入れ、アクリル絵の具（黒色）、プライマー、水さし

【苗】セダム ロッティー、グラプトセダム リトルビューティー、クラッスラ 紅稚児

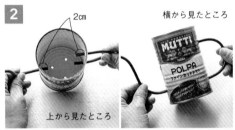

1
対角線上に
2.5cm
6cm
2.5cm

缶の縁をラジオペンチでつぶし、底に太いくぎで水抜き穴をあける。缶の上から2.5cmと、その下6cm、対角線上の下から2.5cmにキリで穴をあけ、ラジオペンチの先で穴を広げる。

2
2cm
横から見たところ
上から見たところ

ワイヤーの1本は緩やかなS字に、もう1本はU字に曲げ、**1**の穴に2cm差し込む。

3
接着剤はやや厚めに

発泡スチロールをカッターで3等分に切り、2×2cmにして1つの面に接着剤を塗る。

4
ここがPOINT
接着剤が乾くまで待つ

2の缶の内側のワイヤーに**3**の接着剤がついている面を刺し、ワイヤーが動かないように缶に貼りつける。

5
＊缶に目立つ模様があるときは、2度塗りする。

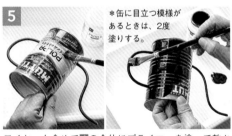

ワイヤーも含めて**4**の全体にプライマーを塗って乾かし、黒色のアクリル絵の具を塗る。

6

塗料が乾いたらコーヒーポット形の器のできあがり。

7

缶の1/3の深さまで土入れで鉢底石を入れる。

8
基本の寄せ植え
P14-15 参照

7の上から缶の1/2の深さまで土入れで用土を入れる。

9
奥から手前に向かって植える

苗の根鉢を整えてピンセットで植えつける。

 長もちさせる管理のコツ
how to care

植えた後は、水抜き穴から水が出るまで水やりする。
明るく風通しのよい屋外で育てる。水やりは1〜2週間に1回、水抜き穴から水が出るまで与える。

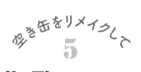

トマト缶で北欧トロールのおうち

トマトの水煮缶にマドレーヌ型の底を抜いてかぶせ、ステンシルで絵を写して
トロールのおうちに。多肉植物が草屋根のようです。

 これを使います

トマト缶

トマトの水煮やピューレなど
の空き缶で、直径7〜8cm。

マドレーヌ型

ブリキ製で直径10cm、高
さ1.5cm、内径8cmのもの。

型紙 B

本書の最後のページをコピーして
用意。ここではこの3つを使う。

＊缶の規格についてはP93を参照

38

＊トロールとは、北欧のノルウェーを起源とする伝説の妖精。

配色レシピ
color recipe

[左]
A・グラプトペタルム アメジスティヌム
B・クラッスラ 青鎖竜
C・セダム ラベンダー
D・セダム マジョール
[右]
E・エケベリア フロスティ
F・クラッスラ ゴーラム
G・セダム アクレ アウレウム

[右]

[左]

用意するもの (左ページの写真・左)

トマト缶（直径7cm、高さ11cm）、マドレーヌ型（ブリキ製、直径10cm、高さ1.5cm、内径8cm）、型紙B3点、金切りバサミ、ハサミ、牛乳パック片、スポンジ、太いくぎ、金づち、ラジオペンチ、ピンセット、カッター、鉛筆、筆、割り箸、鉢底石、用土、土入れ、アクリル絵の具（白色、赤茶色、こげ茶色、水色）、プライマー、梱包用透明テープ、水さし

【苗】グラプトペタルム アメジスティヌム、クラッスラ 青鎖竜、セダム ラベンダー、セダム マジョール

1 マドレーヌ型の中心に太いくぎと金づちで大きめの穴をあけ、穴に金切りバサミを入れて底面を直径3cm分切り抜く。

2 ①で切り抜いた穴から金切りバサミで縁を約1cm残して切り込みを入れる。切り終わったらラジオペンチで端を上に向ける。

3 トマト缶の底に太いくぎで水抜き穴をあける。②を缶の上にかぶせてラジオペンチの先で切った端を内側に曲げ、缶と②を固定する。屋根を引っ掛けるため、缶の縁はつぶさない

4 ＊缶に目立つ模様があるときは、2度塗りする。屋根部分も含めて④の全体にプライマーを塗って乾かし、缶の部分に水色、屋根の部分に赤茶色のアクリル絵の具を塗る。屋根の上も忘れず塗る

5 絵の全体にテープを貼る。型紙の上にトレーシングペーパーを固定し、鉛筆で上からなぞる。絵の上から梱包用透明テープを貼って補強する。

6 線の内側を切り抜く。カッターで絵を切り抜き、3枚のステンシル用のシートを作る。

7 牛乳パック片に白色のアクリル絵の具を出し、スポンジになじませてから乾いた④に⑥のシートをあててたたき、絵を写し取る。仕上げにスポンジでこげ茶色をうっすらとたたく。

8 基本の寄せ植え P14-15参照。⑦が乾いたら1/3の深さまで鉢底石を入れ、その上に1/2の深さまで用土を入れる。苗の根鉢を整えてピンセットで植えつける。

奥から手前に向かって植える

長もちさせる管理のコツ
how to care

植えた後は、水抜き穴から水が出るまで水やりする。明るく風通しのよい屋外で育てる。水やりは1〜2週間に1回、水抜き穴から水が出るまで与える。

イワシのみそ煮缶の
アンティークバスケット

オーバル形がかわいい缶にワイヤーでハンドルをつけ、
消しゴムはんこの模様をアクセントにしてアンティーク風の器に。

これを使います

イワシのみそ煮缶
オーバル形で、標準的な
大きさは11×6.5cm。

#16と#20の
カラーワイヤー
#16の白色20cmを2本、#20のブルー
45cmを1本、ハンドル部分に使用。

*缶の規格についてはP93を参照

[左]
A・セダム ダシフィルム パープルヘイズ
B・セダム トリカラー
C・セダム アクレ アウレウム
[右]
D・セダム ゴールデンカーペット
E・グラプトペタルム 姫秋麗
F・クラッスラ リトルミッシー

配色レシピ
color recipe

用意するもの（左ページの写真・左）

イワシのみそ煮缶（11×6.5cm、高さ3cm）、カラーワイヤー（#16の白色20cmを2本、#20のブルー45cmを1本）、スポンジ、牛乳パック片、太いくぎ、金づち、キリ、カッター、ラジオペンチ、ハサミ、ピンセット、筆、割り箸、用土、土入れ、アクリル絵の

具（黄土色、ブルー、こげ茶色）、プライマー、水さし、消しゴム8mm×8mm×1cm

【苗】セダム ダシフィルム パープルヘイズ、セダム トリカラー、セダム アクレ アウレウム

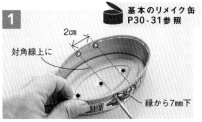

1 基本のリメイク缶 P30-31参照

2cm／対角線上に／縁から7mm下

缶の縁をラジオペンチでつぶし、底に太いくぎで水抜き穴をあける。側面の縁から7mm下の対角線上に、キリで2cm間隔に4つの穴をあける。

2 内側から外へ

#16の白色のワイヤーの先を内側から**1**の穴の外へ出し、上側に向けて曲げてペンチでつぶして固定する。

3 ワイヤーを含めて全体にプライマーを塗って乾かす。

4 ワイヤーを含めて全体に黄土色のアクリル絵の具を塗り、乾かす。

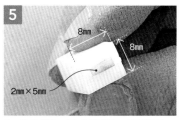

5 8mm／8mm／2mm×5mm

8mm角の消しゴムを用意し、側面にカッターで2mm×5mmの凸部を作る。

6 1段目と2段目はずらす ／ ここがPOINT

牛乳パック片の上にブルーのアクリル絵の具を少し出し、**5**につけて2段スタンプする。

7 2本のハンドルを束ねて#20のブルーのワイヤーを取っ手部分にぐるぐる巻き、両端はラジオペンチでつぶして固定する。

8 こなれたアンティーク調に ／ ここがPOINT

牛乳パック片の上にこげ茶色のアクリル絵の具を少し出し、スポンジにつけて**7**の縁やハンドルに軽くたたく。

9 基本の寄せ植え P14-15参照

8が乾いたら、1cmほど土入れで用土を入れ、苗の根鉢をスリムに整える。

10 **9**の全体にダシフィルム パープルヘイズを植え、ピンセットでトリカラーとアクレ アウレウムを間に差し込んで植える。

🪣 長もちさせる管理のコツ how to care

植えた後は、水抜き穴から水が出るまでたっぷりと水やりする。明るく風通しのよい屋外で育てる。水やりは週に1〜2回、水抜き穴から水が出るまで与える。

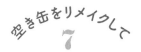

小さいコーン缶をメリーゴーランドに

コーン缶にワイヤーで屋根をつけて、ステンシルでポニーの絵をつけました。
多肉植物をこんもりと植えつけて生き生きと。

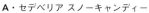

[左]
A・セデベリア スノーキャンディー
B・セダム パリダム
[右]
C・グラプトペタルム だるま秋麗
D・セネシオ 斑入りグリーンネックレス

これを使います

小さいコーン缶

直径約6cm、高さ約5cmのコーンやマッシュルームの水煮缶。

#20のワイヤー

10cmを1本、16cmを4本、90cmを1本、屋根の部分に使用。

型紙 C

本書の最後のページをコピー。ポニーの型紙をステンシルに使う。

配色レシピ
color recipe

＊缶の規格についてはP93を参照

42

 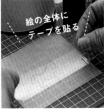

絵の全体に
テープを貼る

型紙の上にトレーシングペーパーを固定し、鉛筆で上からなぞる。絵の上から梱包用透明テープを貼って補強する。

用意するもの（左ページの写真・左）

小さいコーン缶（直径6cm、高さ5cm）、カラーワイヤー（#20で黒色のコーティングワイヤーを10cm×1本、16cm×4本、90cm×1本）、型紙C、ハサミ、牛乳パック片、スポンジ、太いくぎ、金づち、ラジオペンチ、ピンセット、カッター、鉛筆、筆、割り箸、用土、土入れ、アクリル絵の具（クリーム色、茶色）、プライマー、梱包用透明テープ、水さし、トレーシングペーパー、カッターマット

【苗】セデベリア スノーキャンディー、セダム パリダム

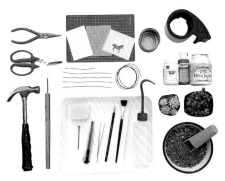

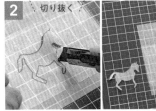

線の内側を
切り抜く

カッターで絵を切り抜き、ステンシル用のシートを作る。

3

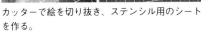

基本のリメイク缶
P30-31参照

対角線上に
穴をあける

缶の底に太いくぎで水抜き穴をあける。側面の縁側の対角線上に、キリで4つの穴を均等な間隔であける。

4

端は内側に曲げて安全に

90cmのワイヤーを鉛筆に巻きつけてコイル状にして大きな輪を作り、両端をラジオペンチで曲げて留める。

5

16cmのワイヤー4本を半分に曲げ、中心を**4**の輪に引っ掛けて1回転ねじって固定する。

ここが
POINT

6

5の一端のワイヤー4本を束ね、10cmのワイヤーで上から3cmくらいのところにぐるぐる巻いて固定して先端を外側に丸める。

7

ワイヤーの下側の先を外側から**3**の穴の中へ入れ、上側を向けて曲げてペンチでつぶして固定する。

8 *缶に目立つ模様があるときは、2度塗りする。

少しずつ
高さをずらして
絵を写す

屋根部分も含めて**7**の全体にプライマーを塗って乾かし、缶にクリーム色、屋根に茶色のアクリル絵の具を塗る。缶に**2**のシートを当てて茶色をつけたスポンジでたたき、ステンシルする。

9

中心を高めに
植える

1/3の深さまで用土を入れる。苗の根鉢を整えてピンセットで植えつける。

長もちさせる管理のコツ
how to care

植えた後は、水抜き穴から水が出るまで水やりする。
明るく風通しのよい屋外で育てる。
水やりは1〜2週間に1回、水抜き穴から水が出るまで与える。

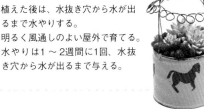

サンマの蒲焼き缶の
フェンスつきミニ花壇

ワイヤーのフェンスを取り付けた
サンマの蒲焼き缶に多肉植物を植え、
小さな花壇に
ミニチュアのバケツを飾りました。

これを使います

サンマの蒲焼き缶
ここでは10.8cm×7.8cm、高さ2.5cmのものを使用。

ミニチュアのブリキ製バケツ
100円ショップで入手でき、直径2cm、高さ2.5cm。

型紙 D
最後のページをコピーして用意。#20のワイヤーを組み立てる。

配色レシピ
color recipe

A・グラプトペタルム だるま秋麗
B・クラッスラ リトルミッシー
C・クラッスラ ブロウメアナ

用意するもの

サンマの蒲焼き缶（10.8cm×7.8cm、高さ2.5cm）、ミニチュアバケツ（直径2cm、高さ2.5cm）、カラーワイヤーの黒色（#20で6cm×10本、9cm×2本、15cm×4本）、スポンジ、

牛乳パック片、太いくぎ、金づち、キリ、ラジオペンチ、ハサミ、ピンセット、筆、割り箸、用土、土入れ、アクリル絵の具（こげ茶色、黄土色）、プライマー、水さし

【苗】グラプトペタルム だるま秋麗、クラッスラ リトルミッシー、クラッスラ ブロウメアナ

---

1 P92参照 ここが POINT

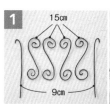

15cm
9cm
各6cm

9cmのワイヤー2本は片方の先端をラジオペンチで少し丸め、15cmのワイヤー4本は型紙のように曲げ、6cmのワイヤー10本を巻きつけてつぶし、固定する。

2 基本のリメイク缶 P30-31参照

7.5cm

缶の縁をラジオペンチでつぶし、底に太いくぎで水抜き穴をあける。側面に、キリで7.5cm間隔に2つの穴をあける。

3

ペンチでしっかりつぶす

1の外側のワイヤーの先を外側から2の穴の中へ入れ、上側に向けて曲げてペンチでつぶして固定する。

4

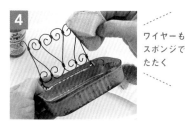

ワイヤーもスポンジでたたく

ワイヤーを含めて全体にプライマーを塗って乾かし、缶に黄土色のアクリル絵の具を塗る。牛乳パック片の上にこげ茶色の絵の具を少し出し、スポンジで軽くたたく。

5 基本の寄せ植え P14-15参照

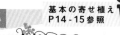

4の塗料が乾いたら、1cmほど用土を入れ、苗の根鉢を整えてピンセットで植え、ミニチュアバケツを置く。

長もちさせる管理のコツ
how to care

ブロウメアナはフェンスに添える。植えた後は、水抜き穴から水が出るまで水やりする。明るく風通しのよい屋外で育てる。水やりは週に2～3回、水抜き穴から水が出るまで与える。

*缶の規格についてはP93を参照

季節感あふれる

12か月の寄せ植え

Seasonal Container SUCCULENTS

いつも多肉植物を楽しみたいから
季節の行事やイベントをテーマにした、
SNS映えもバッチリの寄せ植えを作ってみましょう。
缶や鉢に色を塗ったり、粘土を使ったりと、
簡単で季節感あふれるアイディアがいっぱいです。

コーン缶を
門松風の寄せ植えに

トマト缶にタピオカ用の太いストローを挿して
巻き簾に水引を結び、多肉植物を植えて門松風に。
漆器風の器も添えて、お正月を楽しみます。

これを使います

コーン缶
コーンクリームや水煮など
の空き缶。高さ8cm。

タピオカ用ストロー
直径1.2cmでタピオカドリ
ング用の黒いストロー。

巻き簾
100円ショップやスーパー
のキッチン用具コーナーで。

＊缶の規格についてはP93を参照

配色レシピ
color recipe

[右]
A・エケベリア 七福神
B・クラッスラ 火祭り
C・セダム 黄麗
D・クラッスラ 若緑
E・ビラディア
　　グリーンペット

[右]

[右]

[左]

[左]
B・クラッスラ 火祭り
C・セダム 黄麗
F・セダム オーロラ
G・セデベリア レティジア
H・セダム ダシフィルム
I・セダム モリムラマンネングサ

用意するもの（左ページの写真・右）

コーン缶（直径6.5cm、高さ8cm）、タピオカ用のストロー（黒色で直径1.2cmを3本）、水引（赤2本、白1本）、巻き簾、太いくぎ、金づち、ラジオペンチ、ハサミ、ピンセット、割り箸、鉢底石、用土、土入れ、水さし

【苗】エケベリア 七福神、クラッスラ 火祭り、セダム 黄麗、クラッスラ 若緑、ビラディア グリーンペット

---

1 基本のリメイク缶 P30-31参照

この線で切る

缶の縁をラジオペンチでつぶし、底に太いくぎで水抜き穴をあける。巻き簾の端に当て、長さを揃えて切る。

2 端は重ねて

切った巻き簾を**1**の缶に巻きつける。簾の端は重ねる。

3 ずれないようにしっかり結ぶ

水引3本を束ねて**2**の上から巻きつけて蝶結びにする。

4

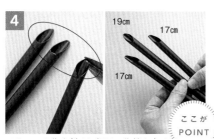

19cm　17cm　17cm

ここが POINT

ストローの先を斜めに切り、先端を丸く切り落とす。反対側を切って17cmを2本、19cmを1本にし、上の写真の順に並べる。

5 基本の寄せ植え P14-15参照

缶の1/3の深さまで鉢底石を入れ、その上から缶の1/2の深さまで土入れで用土を入れる。

6

5〜6cm埋める

5の中の後方に**4**を挿し入れ、深さ5〜6cm分を埋めて固定する。

7

苗の根鉢を整えて、若緑、グリーンペット、次に黄麗を植えつける。

8 低いものは手前に植える

手前に火祭りと七福神をピンセットで植えつける。

長もちさせる管理のコツ
how to care

植えた後は水抜き穴から水が出るまで水やりする。
明るく風通しのよい屋外で育てる。水やりは1〜2週間に1回、水抜き穴から水が出るまで与える。

バレンタインの
ブリキ缶入りハート

100円ショップのブリキ製タブレット缶に、
ピンク色の多肉植物を集めてハート形に植えました。
固まる土と化粧砂を使います。

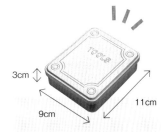

3cm

9cm　　11cm

これを使います

**ブリキ製
タブレット缶**

100円ショップや手芸店、ネット通販でも入手できる。

配色レシピ
color recipe

A・セダム オーロラ
B・セデベリア ホワイトストーン
　クロップ
C・グラプトペタルム 姫秋麗

用意するもの

ブリキ製タブレット缶（11cm×9cm、高さ3cm）、カラーワイヤー（白色の#16を30cm×1本、白色の#18を5cm×3本）、トレーシングペーパー、マスキングテープ、テグス（3号を25cm）、スポンジ、牛乳パック片、ラジオペンチ、ハサミ、ピンセット、黒の油性ペン、スプーン、キリ、固まる土、ゼオライト、化粧砂（白色の小粒）、アクリル絵の具（こげ茶色）

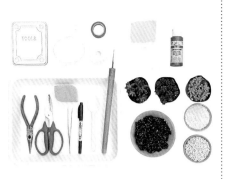

【苗】セダム オーロラ、セデベリア ホワイトストーンクロップ、グラプトペタルム 姫秋麗

1
内側にも加工する。
つけすぎに注意

牛乳パック片の上にこげ茶色のアクリル絵の具を少し出し、スポンジで軽くたたいて缶の縁や凸部にアンティーク加工する。

2
右側の上と下に
穴をあける

テグスで結ぶ

キリで缶のふたと本体の側面に穴をあけ、テグスで結んでふたが斜めに開いた状態にする。

3

ここが
POINT

水質浄化に役立つゼオライトを缶の底が見えなくなるくらいスプーンで入れ、平らにする。

4
固まる土の使い方
P9参照

水で練った固まる土をスプーンで缶の縁から少し下の位置まで入れ、表面を平らにする。

5
多肉植物を植える
ガイドラインに

#16のワイヤーをハート形に曲げ、下側は90度互い違いに曲げてフックを作り、ラジオペンチでつぶして固定する。#18のワイヤーはUピン状に曲げる。

6

この3か所
を留める

ハートの一番飛び出した3か所に、Uピンを使ってハート形を固定する。

7
苗の準備　P10参照

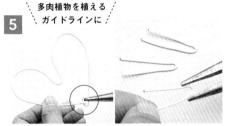

苗をポットから挿し穂状に切り、植えつけやすいように整える。

8
隙間なく
植える

化粧砂は
スプーンで
敷く

ピンセットで7をつかみ、ハート形の内側に差し込むように植えて指で形を整える。土の上に化粧砂を隙間なく敷く。

9

トレーシングペーパーに黒の油性ペンでメッセージを書き、マスキングテープをちぎってふたに貼り付ける。

長もちさせる管理のコツ
how to care

固まる土に水が含まれているので、植えた後の水やりは不要。
明るく風通しのよい屋外に置き、水やりは週に1〜2回、少し湿る程度に与える。

ドングリの
小さなひな祭り

100円ショップのひし形のバスケットに麻布を敷き、固まる土を詰めて
多肉植物を植えました。ドングリのおひな様がぴったりです。

これを使います

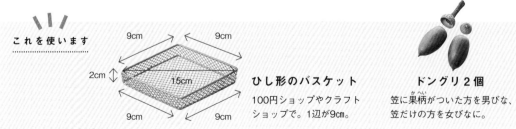

9cm　9cm

2cm

15cm

9cm　9cm

ひし形のバスケット
100円ショップやクラフト
ショップで。1辺が9cm。

ドングリ2個
笠に果柄(かへい)がついた方を男びな、
笠だけの方を女びなに。

A・セダム 乙女心
B・グラプトペタルム 姫秋麗
C・セダム ゴールデンカーペット
D・セダム ダシフィルム パープルヘイズ

配色レシピ
color recipe

用意するもの

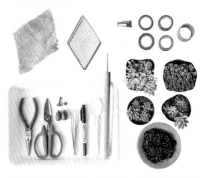

ひし形のバスケット（1辺9㎝、外形15㎝×9㎝、高さ2㎝）、笠つきのドングリ2個、カラーワイヤー（白色の#16を5㎝×2本）、麻布、接着剤、マスキングテープ（緑色、水色、ピンク色、紅色、黄色）、ラジオペンチ、ハサミ、ピンセット、黒の油性ペン、スプーン、キリ、固まる土

【苗】セダム 乙女心、グラプトペタルム 姫秋麗、セダム ゴールデンカーペット、セダム ダシフィルム パープルヘイズ

1

ドングリの平らなところにキリで穴をあける。ワイヤーを二つ折りにして輪の方をラジオペンチでつかみ、ワイヤーの先を穴に押し込む。

男びなは水色→緑色のマスキングテープ、笏は黒の油性ペンで書く

2

男びな　女びな

ドングリの笠に接着剤をつけ、**1**に取り付ける。果柄がついている方を男びな、笠だけの方を女びなにする。

3

2の女びなにピンク色のマスキングテープを着物のように前で重ねて貼り、細く切った紅色を上から重ねて貼る。黒の油性ペンで顔を描き、扇形に切った黄色のマスキングテープを貼る。

4

ここがPOINT

バスケットよりもひと回り大きく切った麻布を内側に敷き、角を重ねて折りたたみ、四隅をすっきりと整える。

5

固まる土の使い方 P9参照

しっかり詰めて平らに

水で練った固まる土をスプーンで缶の縁から少し下の位置まで入れ、表面を平らにする。

6

苗の準備　P10参照

乙女心と姫秋麗の苗をポットから出し、植えつけやすいように根鉢をスリムに整える。

7

ぼんぼりに見立てた乙女心を先にピンセットでつかんで植え、次に姫秋麗を植えつける。

8

隙間なく植える

ゴールデンカーペット→パープルヘイズの順に、挿し穂状に整えた苗をピンセットで**7**に植えていく。

9

3のワイヤーを**8**の中央に男びな→女びなの順に差し込んで取り付ける。

長もちさせる管理のコツ
how to care

固まる土に水が含まれているので、植えた後の水やりは不要。
明るく風通しのよい屋外に置き、水やりは週に2～3回、下から水が少ししみ出すくらい与える。

イースターを祝う
ウサギの耳

100円ショップのミニバスケットに麻布を敷き、
もふもふのウサギの耳みたいな多肉植物を植えました。
カラフルなウズラの卵の殻がアクセント。

これを使います

Ø6cm

5cm

ミニバスケット

100円ショップやネット
ショップで入手できる。
直径6cm。

ウズラの卵の殻

下に直径1cmの穴をあけて
中身を出し、洗って乾かし
てから使用。

配色レシピ
color recipe

[左]
A・カランコエ 福兎耳
B・セダム マジョール
[右]
C・カランコエ 白兎
D・セダム ステフコ

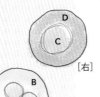

[右]

[左]

用意するもの (左ページの写真・左)

ミニバスケット（直径6
cm、高さ5cm）、ウズラの
卵の殻2個、カラーワイ
ヤー（白色の#16を12cm
×2本）、麻布、アクリル
絵の具（水色、ピンク色、
白色）、ラジオペンチ、ピ
ンセット、筆、用土、土入
れ、割り箸、水さし

[苗] カランコエ 福兎耳、
セダム マジョール

1

ウズラの卵の殻に白色のアクリル絵の具で下塗りし、乾い
たら上から水色のアクリル絵の具を塗って乾かす。同様に
ピンク色の方も塗る。

2 麻布が飛び出さないように

バスケットよりもひと回り大きく切った
麻布を内側に敷く。

3 基本の寄せ植え P14-15参照

土入れでバスケットの深さの
1/3まで用土を入れる。

4

福兎耳の苗をポットから抜いて根鉢を整
え、束ねてから片手で支えながら植えつ
ける。

5

マジョールの根鉢をポットから抜いてス
リムに整え、ピンセットで福兎耳の周囲
に植えつける。

6

ここが POINT

カラーワイヤーをラジオペンチで二つ折
りにし、輪の部分を**1**の下の穴からやさ
しく差し込む。

7 福兎耳の近くに

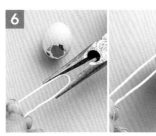

6のワイヤーを**5**の中にバランスよく
差し込む。2つとも配置する。

8

用土が見えているところにピンセットで
マジョールを植える。

長もちさせる管理のコツ
how to care

植えた後は、バスケッ
トの下から水が出るま
で水やりする。
明るく風通しのよい屋
外に置き、水やりは週
に1～2回、たっぷり
と与える。

53

トマト缶を
こいのぼりにリメイク

トマトの水煮缶の底を抜いて押しつぶし、小さな尻尾を作ってこいのぼりの形の器にしました。
何色か作って並べるとかわいいです。

これを使います

トマト缶
トマトの水煮やピューレなどの空き缶。高さ11cm。

ø7cm　　11cm

カラーワイヤー
#16のコーティングワイヤーで、白色を30cm。

＊缶の規格についてはP93を参照

配色レシピ
color recipe

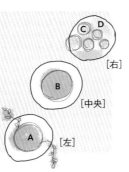

[左]
A・オトンナ ルビーネックレス
[中央]
B・コチレドン ペンデンス
[右]
C・グラブトペタルム 朧月
D・クラッスラ ブロウメアナ

[右]
[中央]
[左]

用意するもの（左ページの写真・中央）

トマト缶（直径7cm、高さ11cm）、カラーワイヤー（#16の白色を30cm）、缶切り、牛乳パック片、キリ、ラジオペンチ、金切りバサミ、ピンセット、白の油性ペン、筆、割り箸、用土、土入れ、アクリル絵の具（白色、水色）、プライマー、水さし、1ℓの角型ペットボトル＊上の写真参考

【苗】コチレドン ペンデンス

1

基本のリメイク缶
P30・31参照

ここを切る

缶の縁をラジオペンチでつぶしてから、缶切りで缶の底から1cm上の側面を底面ごと切り落とす。

2

この部分をつぶす

1の底面を上にして持ち、側面から押してつぶし、縁から2〜3cm分をラジオペンチで平らに押しつぶす。

3

ここが
POINT

ここまで切る

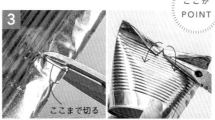

2でつぶした部分の中央に金切りバサミで2〜3cm切り込みを入れる。ラジオペンチで三角形に内側に折り曲げて尻尾を作る。

4

尖った缶の縁を
つぶす

三角形に折り曲げた縁を危なくないように押しつぶし、先端を内側に入れてつぶす。

5

1cm

キリで缶の両側の側面の上端から1cm下の位置に穴をあける。

6

ドライヤーを
使うと早く乾く

5の全体にプライマーを塗り、乾いたら水色のアクリル絵の具を塗る。乾いたら上の縁から2cm分を帯状に白色のアクリル絵の具で塗る。

7

6が乾いたら、白の油性ペンで目やうろこを描く。ペットボトルの下側1/3くらいで切り、6を立てて入れて作業台にする。カラーワイヤーを外側から5の穴に通し、ラジオペンチで押しつぶして留める。

8

基本の植えつけ2
P12 参照

缶の1/2の深さまで土入れで用土を入れる。苗の根鉢を整えてピンセットで植えつける。

長もちさせる管理のコツ
how to care

植えた後は、尾の先から水が出るまで水やりする。明るく風通しのよい屋外に吊るして育てる。水やりは週に1〜2回、尾の先から水が出るまで与える。

瓶のふたで
ころころカタツムリ

小さな瓶のふたを2つ合わせ、内側に固まる土で多肉植物を植えました。
100円ショップの木粉ねんどで胴体を作って、カタツムリに。

これを使います

瓶のふた

ミニサイズの瓶のふた。直径4.5cmのものを使用。

木粉ねんど

木の粉から作られたねんど。自然乾燥すると木のように固まる。

配色レシピ
color recipe

[中央]
A・セデベリア レティジア
B・セダム パリダム
[左]
C・グラプトペタルム 姫秋麗
D・セダム マルバマンネングサ
[右]
C・グラプトペタルム 姫秋麗
E・グラプトセダム ブロンズ姫

[長靴]
F・セダム 黄麗
G・セダム ビアーホップ
H・ビラディア グリーンペット
I・セネシオ 斑入りグリーンネックレス

トマト缶の外側を木粉ねんどで包んで長ぐつの形にし、乾いてから色を塗って多肉植物を植えた。

[左]

[中央]

C E
[右]

H
G
F
I
[長靴]

用意するもの（左ページの写真・中央）

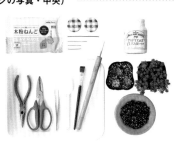

瓶のふた（直径4.5cm、高さ1cmを2つ）、木粉
ねんど、カラーワイヤー（黒色の#16を10cm×
1本、#20を7cm×1本と5cm×2本）、キリ、ラ
ジオペンチ、ハサミ、ピンセット、スプーン、
筆、固まる土、水性耐候性ニス

【苗】セデベリア レティジア、セダム パリダム

1 瓶のふたを背中合わせにしてキリで2cm間隔に反対側まで貫通するように2つ穴をあける。

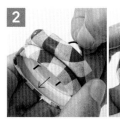

2 #20のワイヤー7cmを片側の穴から通し、反対側に出してラジオペンチでひねって固定する。

内側から外へ

3 2の縁側に1箇所、キリで反対側のふたまで貫通するように穴をあける。

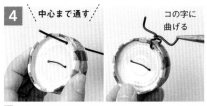

4 3の穴に#16で10cmのワイヤーを通し、ラジオペンチを使ってふたの外側で1〜2回ひねり、コの字形に曲げる。

中心まで通す／コの字に曲げる

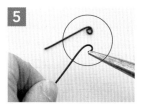

5 #20のワイヤー5cmを2本とも、先端をくるっと丸めてカタツムリの目玉のパーツを作る。

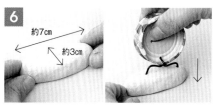

6 ピンポン球よりも少し小さいくらいの木粉ねんどをとり、長さ7cmで太さ3cmの楕円形にし、4のワイヤーを挿し込んで取りつける。

約7cm／約3cm

7 木粉ねんどの胴体がぐっと上に向くように反り返し、頭の位置に5の目玉パーツを挿し込む。

反り返す／ここがPOINT

8 そのまま1日以上乾かして木粉ねんどが固まったら、水性の耐候性ニスを塗り、乾かす。

固まる土の使い方 P9参照

9 ふたの内側に水で練った固まる土をスプーンでしっかりと詰める。両側とも同様にする。

 苗の準備 P10参照

10 苗は茎をできるだけ長くつけてカットする。ピンセットを使って中心にレティジアを挿し込み、周囲にパリダムを挿し込む。

長もちさせる管理のコツ how to care

固まる土に水が含まれているので、植えた後の水やりは不要。明るく風通しのよい屋外に置き、水やりは週に1〜2回、固まる土全体が湿る程度の水を与える。

ツナ缶とコーナーガードが
うきわに

ツナ缶の周りにホームセンターや100円ショップで入手できる
コーナーガードをつけてロープを飾ると、かわいいうきわ風の器ができます。

これを使います

3cm

ツナ缶
ツナの空き缶。標準的な
大きさは直径7.5cm。

**半円形
コーナーガード**
家具や柱などの角に貼り付
けて衝撃を和らげる緩衝材。

綿ロープ
綿の繊維をより合わせたひ
も。太さ4mmのものを使用。

＊缶の規格についてはP93を参照

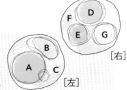

[右]

[左]

A・セダム 春萌
B・セダム ビアーホップ
C・セダム 斑入りマルバマンネングサ

[右]

D・エケベリア ファンクイーン
E・パキフィツム フーケリー
F・セダム マジョール
G・セダム 黄麗

配色レシピ
color recipe

用意するもの（左ページの写真・左）

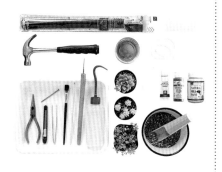

ツナ缶（直径7.5cm、高さ3cm）、半円形コーナーガード、カラーワイヤー（白色の#18を11cm×1本、#20を8cm×2本）、綿ロープ（太さ4mmを38cm）、牛乳パック片、太いくぎ、金づち、キリ、ラジオペンチ、カッター、ピンセット、筆、割り箸、用土、土入れ、アクリル絵の具（白色、青色、黒色）、水さし

【苗】セダム 春萌、セダム ビアーホップ、セダム 斑入りマルバマンネングサ

1
基本のリメイク缶
P30-31参照

缶の縁をラジオペンチでつぶし、底に太いくぎで水抜き穴をあける。コーナーガードを側面にあてて印をつけ、カッターで切る。

2

コーナーガードのテープを剥がして缶の側面にぴったりと貼り付ける。つなぎ目の両側1cmの位置にキリで缶まで2つの穴をあける。

3

#18のワイヤーを表面から缶の内側に通し、2本をまとめてねじって固定する。ラジオペンチでキュッとひねって飛び出さないように曲げる。

4

コーナーガードと缶の表面を白色のアクリル絵の具で塗り、乾いたら青色と黒色のアクリル絵の具を混ぜて紺色を作り、4か所を幅1.5cmほど塗って乾かす。

5
基本の寄せ植え
P14-15参照

缶の中に深さの1/3まで土入れで用土を入れる。

6

苗をポットから抜いて根鉢をスリムに整える。

7

ピンセットで苗をつかんで用土を足しながら植えつける。箸で突いて用土を隙間なく詰める。

8

ここがPOINT

4mmの綿ロープ、#20のワイヤーを輪にしてラジオペンチでひねって固定する。7の上からワイヤーを挿してロープを固定する。

長もちさせる管理のコツ
how to care

植えた後は、水抜き穴から水が出るまで水やりする。明るく風通しのよい屋外に置き、水やりは用土が乾いてから、週に1～2回、たっぷりと与える。

海を感じる
空き瓶のハンギング

ジャムなどの空き瓶の中を
クリアファイルで仕切り、
外側に化粧砂で海のイメージを描きました。
涼しげな色の麻ひもで吊るして夏らしく。

これを使います

7cm　ø6cm

ジャム瓶

直径6cm、高さ7cmのジャ
ムなどの空き瓶。

クリアファイル

100円ショップで入手でき
る。1枚分を切って使う。

カラー麻ひも

ここでは涼しげなブルーを
使用。45cmを8本用意。

配色レシピ
color recipe

[左・右ともに]
A・ハオルチア テネラ

A [右]

A A [左]

用意するもの（左ページの写真・右）

ジャム瓶（直径6cm、高さ7cm）、クリア
ファイル、ホチキス、カラー麻ひも（ブ
ルーを45cm×8本）、ハサミ、スプーン、
ゼオライト、化粧砂（白い砂と川砂の2
種類）、用土、土入れ、割り箸、水さし

【苗】ハオルチア テネラ

1

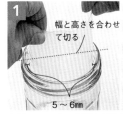

幅と高さを合わせて切る

3〜4か所止める

5〜6mm

クリアファイルの折り部分を切って1枚にし、丸めて瓶の中に入れて瓶との間に5〜6mmの隙間ができるサイズにホチキスで留める。高さは瓶に揃える。

2

1で作ったクリアファイルを瓶の中に入れる。

3

2の中のクリアファイルの内側に深さ1cmほどスプーンでゼオライトを入れる。水質浄化作用が期待できる。

4

波のように高低差をつけて

ここがPOINT

クリアファイルと瓶の隙間に、川砂を土入れで静かに入れる。その上から白い砂を帯状に入れ、再度上から川砂を入れて砂で模様を作る。

5

瓶の縁まで砂を入れる。内側にはゼオライトが入っており、外側に2色の砂の模様ができている。

6

用土は内側に入れる

基本の寄せ植え
P14 参照

瓶の内側の1/2の深さまで土入れで用土を入れる。苗の根鉢を整えて植え、箸で用土を詰める。

7

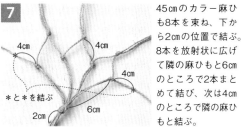

4cm 4cm

4cm

＊と＊を結ぶ

2cm 6cm

P93 参照

45cmのカラー麻ひも8本を束ね、下から2cmの位置で結ぶ。8本を放射状に広げて隣の麻ひもと6cmのところで2本まとめて結び、次は4cmのところで隣の麻ひもと結ぶ。

8

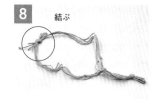

結ぶ

上で4本ずつを束ね、しっかりと固結びにする。これでプランツハンガーができた。

9

8を広げて上側から**6**を静かに入れ、中央にバランスよく収まるように位置を調節する。

長もちさせる管理のコツ
how to care

瓶の上から量を見ながら、底から1/4〜1/3量を水さしを使って静かに与える。明るい窓辺や屋外の半日陰に吊るし、水やりは週に1回ほど、土を湿らせる程度に与える。

水は底から1/4〜1/3の量に

ろうと＆木粉ねんどで
キノコ狩り

100円ショップのろうとにストローで水抜き穴を通し、木粉ねんどをつけたら、
かわいいキノコ形の器に。多肉植物をこんもりと植えます。

これを使います

ろうと

100円ショップやホームセンターで。直径5cmのものを使用。

木粉ねんど

木の粉から作られたねんど。自然乾燥すると木のように固まる。

タピオカ用ストロー

タピオカドリンク用のストロー。直径1.2cm。

［左］
A・クラッスラ レモータ
B・セダム 黄金マルバマンネングサ
［左から2番目］
C・セデベリア ホワイトストーンクロップ
D・セダム ルベンス リザード

［右から2番目］
E・グラプトペタルム 姫秋麗
F・セダム ゴールデンカーペット
［右］
G・セダム 虹の玉
H・セダム ドラゴンズブラッド
I・セダム パリダム

［左］　［左から2番目］　［右から2番目］　［右］

用意するもの (左ページの写真・2)

ろうと（直径5cm、高さ3.5cm）、木粉ねんど、
タピオカ用ストロー（直径1.2cmを1本）、定規、
ラジオペンチ、ハサミ、ピンセット、スプーン、
筆、固まる土、水性耐候性ニス

【苗】セデベリア ホワイトストーンクロップ、
セダム ルベンス リザード

1

ろうとの縁に吊るすための突起があれ
ば、ラジオペンチで下側に曲げ、つぶ
して隠す。

2

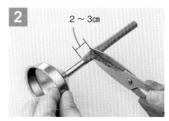

2〜3cm

ろうとの管にストローを差し込み、2
〜3cmのところをハサミで切る。

3

ストローの穴を
隠さない

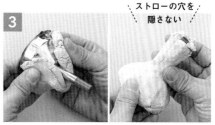

2の周りを木粉ねんどで包み、管とストローはぼっ
てりと厚めにねんどで包む。

4

水抜き穴になる

自立する
ように

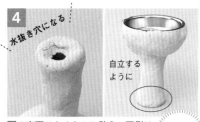

3の表面はなめらかに整え、下側は
太めにしてストローの穴が見えるよ
うにする。

ここが
POINT

5

筋模様で
キノコらしく

仕上げに定規の角を使ってキノコ型
の器の下側のねんどに筋を入れる。

6

そのまま1日以上乾かして木粉ねん
どが固まったら、水性の耐候性ニス
を塗り、乾かす。

7

固まる土の使い方
P9参照

ろうとの中に水で練った固まる土をス
プーンでお椀状に盛り上げて詰める。

8

 苗の準備　P10参照

苗は茎をできるだけ長くつけてカットする。ピンセットで中心にポイ
ントになるホワイトストーンクロップを挿し込み、周囲にルベンス
リザードを挿し込む。

9

植え終わったら、お椀状に丸くなるよ
うに上から押さえて形を整える。

長もちさせる管理のコツ
how to care

固まる土に水が含まれているので、
植えた後の水やりは不要。
明るく風通しのよい屋外に置き、水
やりは週に1〜2回、固まる土の全
体が湿る程度の水を与える。

ハロウィンの
リメイク鉢に寄せ植え

シンプルな素焼き鉢にかわいいゴーストをステンシル。
オレンジ色のフラッグを添えて、
ハロウィンを盛り上げる寄せ植えです。

これを使います

**シンプルな 2.5 号の
素焼き鉢**

100円ショップで3個1組、
またはホームセンターで入手
できる。

A・エケベリア 大和錦
B・カランコエ 不死鳥
C・ポーチュラカリア ウェルデルマニー
D・ペトロセダム レッドウィッグル

配色レシピ
color recipe

1

内側も縁から
約3cm塗るとよい

鉢の側面にベージュ色のアクリル絵の具を塗り、少しおいて乾かす。

用意するもの

素焼き鉢（2.5号、直径7.5cm、高さ7.5cm）、厚紙（5cm×15cm）、オレンジ色の厚紙（10cm×10cm）、カラーワイヤー（黒色の#18を15cm×1本）、スポンジ、牛乳パック片、アクリル絵の具（黒色、ベージュ色）、ハサミ、黒の油性ペン、筆、用土、土入れ、割り箸、鉢底ネット、ピンセット、水さし、梱包用透明テープ、マスキングテープ

【苗】エケベリア 大和錦、カランコエ 不死鳥、ポーチュラカリア ウェルデルマニー、ペトロセダム レッドウィッグル

2

大きさや向きを
変えて書く

厚紙の上にマスキングテープを隙間なく貼り付け、上から黒の油性ペンでゴーストの形を大小つけて3つ描く。

3

ここが
POINT

2をハサミで切り抜き、厚紙からマスキングテープを剥がして1にバランスよく貼り付ける。

4

少し
ムラがあると
味わいが出る

牛乳パック片の上に黒色のアクリル絵の具を少し出し、3の上からスポンジで軽くたたき、ステンシルする。塗料が乾いたらマスキングテープを剥がす。

5

ここが
POINT

4の模様の内側に、ほんの少し黒色のアクリル絵の具をつけてスポンジで軽くたたき、立体感をつける。黒の油性ペンでゴーストの顔を描く。

6

オレンジ色の厚紙を1辺3cmの三角形に切り、油性ペンでメッセージを書いてワイヤーといっしょに透明テープを貼り付けてフラッグを作る。余分な透明テープは切り落とす。

7

基本の寄せ植え
P14-15参照

5の塗料が乾いたら鉢底ネットを敷き、鉢の深さ1/3の深さまで土入れで用土を入れる。

8

奥から手前に
向かって植える

苗をポットから抜き、根鉢を整えてピンセットで植えつける。

9

6のフラッグを中心よりも後ろ側に挿し込む。

長もちさせる管理のコツ
how to care

植えた後は、鉢底穴から水が出るまで水やりする。明るく風通しのよい屋外で育てる。水やりは1〜2週間に1回、鉢底穴から水が出るまでたっぷりと与える。

サンマの蒲焼き缶で
収穫祭の一輪車

角形のサンマの蒲焼き缶にワイヤーで車輪とハンドルを作り、一輪車風に。
多肉植物を植えてドングリを飾った、収穫祭の寄せ植えです。

これを使います

サンマの蒲焼き缶
角形の空き缶で、側面に浅い溝
がついているものが多い。

カラーワイヤー
黒色の#16と#20の2種類の太
さのものを切って使用。

＊缶の規格についてはP93を参照

配色レシピ
color recipe

[左]
A・エケベリア ピーチプリデ
B・クラッスラ 姫緑
C・クラッスラ 紅稚児
[右]
D・グラプトセダム 秋麗
E・セデベリア マッコス
F・セダム ダシフィルム

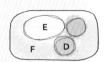

[右]

[左]

缶の縁をラジオペンチでつぶし、底にキリで水抜き穴を3つあける。後方の側面の縁の下に左右対称に穴をあけ、前方の底面に2cm間隔で2つ穴をあける。

基本のリメイク缶 P30-31参照

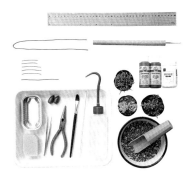

用意するもの（左ページの写真・左）

サンマの蒲焼き缶（6cm×10.5cm、高さ3cm）、カラーワイヤー（黒色の#16を12cm×1本と48cm×1本、#20を6cm×2本と7cm×3本）、スポンジ、牛乳パック片、キリ、ラジオペンチ、ピンセット、筆、割り箸、用土、土入れ、アクリル絵の具（青色、こげ茶色）、プライマー、定規、水さし、ドングリ2個

【苗】エケベリア ピーチプリデ、クラッスラ 姫緑、クラッスラ 紅稚児

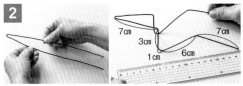

#16のワイヤー48cmを2つに折り曲げ、両方とも7cm→3cm→1cm→6cm→7cmの順に上の写真を参考に曲げる。

ここがPOINT

底で巻きつけてつぶす

2のワイヤーを両方とも外側から缶の内側に通す。上の写真を参考に、1折り目が缶の底に当たるようにする。

#20のワイヤー6cm1本をU字に曲げ、缶の底の2つの穴に差し込む。裏返して缶の底で#16のワイヤーを巻きつけてつぶし、固定する。

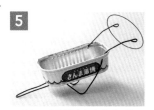

ワイヤーの先端を丸く曲げ、取っ手にする。

できあがり約3cm

#16のワイヤー12cmを丸めて輪にし、先端を5mmくらい重ねる。#20のワイヤー7cm1本を重ねたワイヤーに巻きつけて固定し、対角線上の反対側も同様に固定する。#20のワイヤー7cmを2本使い、等間隔で同様に固定し、車輪を作る。

6の中心部に#20のワイヤー6cm1本を中央辺りで1周させ、5の前側の飛び出した部分にはさみ、外側の太いワイヤーに巻きつけて固定する。

7のワイヤーを含めた全体をプライマーで塗り、乾いたら缶の部分に青色のアクリル絵の具を塗る。

アンティーク加工する

8が乾いたらワイヤー部分にこげ茶色のアクリル絵の具を塗り、缶の縁や凹凸にスポンジでこげ茶色のアクリル絵の具をたたくようにつける。

基本の寄せ植え P14-15参照

9が乾いたら、土入れで缶の中に深さ1/3まで用土を入れる。苗をポットから抜いて根鉢をスリムに整え、ピンセットで植える。

ポイントに2か所、ドングリを飾りつける。

長もちさせる管理のコツ how to care

植えた後は、水抜き穴から水が出るまで水やりする。明るく風通しのよい屋外で育て、水やりは用土が乾いてから、週に1～2回、たっぷりと与える。

ケーキ型とサバ缶の
クリスマスリース

底が外れるケーキ型の中にサバ缶を入れ、
大きさの差を利用して多肉植物を植えたリースです。
鉢底ネットを切って底に使います。

これを使います

5号のケーキ型

直径15cm、高さ6cmで底板が
外れるタイプを使用。

＊缶の規格についてはP93を参照

サバ缶

サバのみそ煮や水煮などの空
き缶で、直径7cm、高さ5cm。

A・パキフィツム 月美人
B・グラプトベリア マーガレットレッピン
C・グラプトベリア ピンクプリティー
D・セデベリア マッコス
E・セダム パリダム
F・セネシオ グリーンネックレス

配色レシピ
color recipe

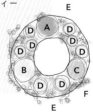

用意するもの

5号のケーキ型（直径15cm、高さ6cm）、サバ缶（直径7cm、高さ5cm）、鉢底ネット（直径15cmに切っておく）、カラーワイヤー（#18の黒色を12cm×2本と20cm×1本）、牛乳パック片2枚、ココヤシファイバー、赤い木の実を適宜、スポンジ、キリ、ラジオペンチ、ピンセット、筆、割り箸、鉢底石、用土、土入れ、アクリル絵の具（白色、グレー）、プライマー、水さし

【苗】パキフィツム 月美人、グラプトベリア マーガレットレッピン、グラプトベリア ピンクプリティー、セデベリア マッコス、セダム パリダム、セネシオ グリーンネックレス

1 基本のリメイク缶 P30-31参照

缶の縁をラジオペンチでつぶしておく。ケーキ型は底を抜き、缶とケーキ型の外側と内側3cmまでプライマーを塗る。

2 スポンジでたたくとアンティーク風に

ここがPOINT

1が乾いたらグレーのアクリル絵の具に白を混ぜて塗る。乾いたらスポンジに白色のアクリル絵の具を少量つけてたたく。

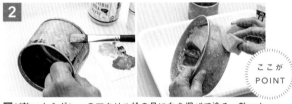

3

2のサバ缶が乾いたら底の縁側に穴を4か所、キリであける。

4 ここで位置を決める

2のケーキ型の中に鉢底ネットを入れ、**3**を入れて中央に据える。

5 ワイヤーを穴に通す

#18のワイヤー12cm×2本をサバ缶の穴に通し、裏側にして鉢底ネットの上でラジオペンチを使ってねじって固定する。

6 基本の寄せ植え P14-15参照

5の1/3の深さまで土入れで鉢底石を入れ、上から1/2の深さまで用土を入れる。大きな苗の根鉢を整えて植えつける。

7

垂れるグリーンネックレスや草丈の低いセダム類をピンセットで植えつけ、用土が見えないようにする。

8 U字ピンで茎を留めて整える

20cmのワイヤーを5cmに切り、ラジオペンチでU字に曲げてピンを作り、挿し込んでグリーンネックレスを固定する。

8

中心の穴にココヤシファイバーを詰め、ピンセットで赤い実をポイントに挿し込む。

長もちさせる管理のコツ
how to care

植えた後は、鉢底ネットから水が出るまで、全体に水やりする。明るく風通しのよい屋外で育てる。水やりは1〜2週間に1回、底から水が出るまで与える。

小さいコーン缶を
シャルロットケーキに

小さいコーン缶の周りに木粉ねんどで
ビュスキュイ風パーツをつけたら、
シャルロットケーキ風に。
多肉植物をベリーやクリームに見立てました。

これを使います

小さいコーン缶
コーンやマッシュルームなど
の水煮缶で、直径6cm。

木粉ねんど
木の粉から作られたねんど。
自然乾燥すると固まる。

配色レシピ
color recipe

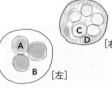

[左]
A・セダム 虹の玉
B・セダム 白雪ミセバヤ

[右]
C・セデベリア 群月花
D・セダム バシフィルム パープルヘイズ

用意するもの（上の写真・左）

小さいコーン缶（直径6cm、高さ5cm）、木粉ねん
ど、両面テープ、リボン40cm、ラジオペンチ、
太いくぎ、金づち、ハサミ、ピンセット、筆、
割り箸、用土、土入れ、アクリル絵の具（白色）、
プライマー、水さし、水性耐候性ニス

【苗】セダム 虹の玉、セダム 白雪ミセバヤ

---

1 基本のリメイク缶 P30-31参照

缶の縁をラジオペンチでつぶし、底に
太いくぎで水抜き穴をあける。プライ
マーを塗って乾かし、白色のアクリル
絵の具を塗る。

2

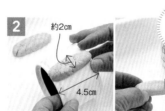

約2cm
4.5cm

ここが
POINT

木粉ねんどで、コーン缶の高さに合わせて太さ
2cmのフィンガービスケット形のパーツを、缶
を1周する個数分作り、1日以上乾かして水性
耐候性ニスを塗る。

3

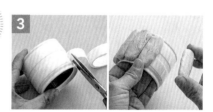

2の外側に両面テープを1周貼る。テープの太
さによっては2段に貼る。乾いた2を側面の
テープに隙間なく貼り付ける。

4 基本の寄せ植え P14-15参照

缶の1/3の深さまで土入れで用土
を入れ、苗の根鉢を整えておく。

5

4の中央に虹の玉→周囲に白雪ミ
セバヤをピンセットで隙間なく植
える。

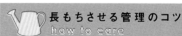

長もちさせる管理のコツ
how to care

植えた後は、水抜き穴から
水が出るまで水やりする。
明るく風通しのよい屋外で
育てる。水やりは1〜2週
間に1回、水抜き穴から水
が出るまで与える。

*缶の規格についてはP93を参照

Chapter 4

寄せ植えやアレンジに使いたい
多肉植物図鑑
Illustrated reference guide to Lovely SUCCULENTS

丈夫で育てやすく、小さな寄せ植えに向く多肉植物を紹介します。
器との色の相性や他の多肉植物との
組み合わせをイメージしやすくするため、
紅葉したときの色でグループ分けしています。また、
サイズ感や寄せ植えでの使い方をわかりやすく表示しています。

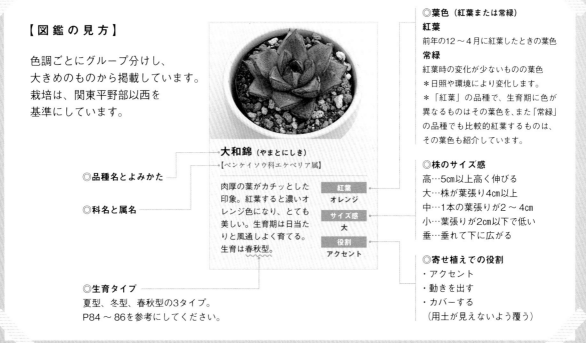

【図鑑の見方】

色調ごとにグループ分けし、
大きめのものから掲載しています。
栽培は、関東平野部以西を
基準にしています。

大和錦（やまとにしき）
【ベンケイソウ科エケベリア属】

肉厚の葉がカチッとした
印象。紅葉すると濃いオ
レンジ色になり、とても
美しい。生育期は日当た
りと風通しよく育てる。
生育は春秋型。

紅葉	オレンジ
サイズ感	大
役割	アクセント

◎品種名とよみかた

◎科名と属名

◎生育タイプ
夏型、冬型、春秋型の3タイプ。
P84 〜 86を参考にしてください。

◎葉色（紅葉または常緑）
紅葉
前年の12 〜 4月に紅葉したときの葉色
常緑
紅葉時の変化が少ないものの葉色
＊日照や環境により変化します。
＊「紅葉」の品種で、生育期に色が
異なるものはその葉色を、また「常緑」
の品種でも比較的紅葉するものは、
その葉色も紹介しています。

◎株のサイズ感
高…5cm以上高く伸びる
大…株が葉張り4cm以上
中…1本の葉張りが2 〜 4cm
小…葉張りが2cm以下で低い
垂…垂れて下に広がる

◎寄せ植えでの役割
・アクセント
・動きを出す
・カバーする
　（用土が見えないよう覆う）

赤〜オレンジ系 に色づくグループ

秋が深まると鮮やかな赤〜オレンジ色に紅葉し、
寄せ植えを美しく彩る品種を紹介します。

火祭り (ひまつり)
【ベンケイソウ科クラッスラ属】

燃えるような紅葉が美し
い。秋に茎を伸ばして白
い花をつける。育てやす
い強健種で、日当たりと
乾燥気味を好む。生育は
春秋型。

紅葉
赤

サイズ感
大

役割
アクセント

秋麗 (しゅうれい)
【ベンケイソウ科グラプトセダム属】

丈夫で育てやすい強健
種。シックなグレーの葉
色で、紅葉するとオレン
ジ色を帯びる。葉挿しの
成功率が高く、ふえやす
い。生育は春秋型。

紅葉
オレンジ

サイズ感
大

役割
アクセント

大和錦 (やまとにしき)
【ベンケイソウ科エケベリア属】

肉厚の葉がカチッとした
印象。紅葉すると濃いオ
レンジ色になり、とても
美しい。生育期は日当た
りと風通しよく育てる。
生育は春秋型。

紅葉
オレンジ

サイズ感
大

役割
アクセント

ブロンズ姫 (ぶろんずひめ)
【ベンケイソウ科グラプトセダム属】

生育期は薄い赤紫色で、
紅葉すると濃いオレンジ
色になる。日当たりが悪
いと葉色が褪せる。育て
やすく、葉挿しでもふや
せる。生育は春秋型。

紅葉
オレンジ

サイズ感
中

役割
アクセント

オレンジドリーム
【ベンケイソウ科セデベリア属】

紅葉するとオレンジ色に
なる。まとまりがよいロ
ゼット状の草姿。縦に伸
びやすいので、切って挿
し芽にするとよい。生育
は春秋型。

紅葉
オレンジ

サイズ感
中

役割
アクセント

虹の玉 (にじのたま)
【ベンケイソウ科セダム属】

育てやすくてふえやすい
強健種。粒状の葉が真っ
赤に紅葉する。生育期は
濃い緑色で、日当たりが
悪いと間延びする。生育
は春秋型。

紅葉
赤

サイズ感
中

役割
アクセント

レティジア
【ベンケイソウ科セデベリア属】

縁から赤く紅葉する。周
囲に子株ができてよくふ
える。高温多湿が苦手な
ので、夏は涼しい場所
に。日当たりが悪いと徒
長する。生育は春秋型。

紅葉
赤

サイズ感
大

役割
アクセント

リトルビューティー
【ベンケイソウ科グラプトセダム属】

ロゼット状の株が群生する。生育期は淡い緑色で、オレンジ色に紅葉。徒長しやすいため、水は控えめにしてよく日に当てる。生育は春秋型。

紅葉
オレンジ
サイズ感
中
役割
アクセント

リトルジェム
【ベンケイソウ科セダム属】

寒さにあたると茶色っぽく紅葉し、黄色い花とのコントラストが美しい。育てやすいが、夏は涼しい半日陰で管理する。生育は春秋型。

紅葉
赤茶
サイズ感
中
役割
アクセント

小人の祭り（こびとのまつり）
【ベンケイソウ科アエオニウム属】

縞模様で紅葉すると赤が濃くなる。葉を触るとベタベタしている。木立ち性なので、挿し木でふやす。夏は涼しい半日陰に。生育は冬型。

紅葉
赤
サイズ感
中
役割
アクセント

ホワイトストーンクロップ
【ベンケイソウ科セデベリア属】

生育期はくすんだ淡いグリーンで、冬はオレンジ色になる。上に伸びたら切り戻して仕立て直す。夏は半日陰に。生育は春秋型。

紅葉
オレンジ
サイズ感
中
役割
アクセント

紅葉時

紅稚児（べにちご）
【ベンケイソウ科クラッスラ属】

真っ赤に紅葉する。暑さにも寒さにも強い。日当たりと風通しのよい場所で乾燥気味に育てる。金平糖に似た白い花が咲く。生育は夏型。

紅葉
赤
サイズ感
中
役割
アクセント

紫 ～ ピンク系 に色づくグループ

秋から冬、春くらいまでの期間、
紫～ピンク色に紅葉したり、生育期の紫系の色が
濃くなる品種を紹介します。

黒法師（くろほうし）
【ベンケイソウ科アエオニウム属】

生育期も暗紫色だが秋に色が濃くなる。日当たりが悪いと葉色が褪せる。高温多湿が苦手なので、夏は風通しのよい場所に。生育は冬型。

紅葉
濃紫
サイズ感
高
役割
動きを出す

不死鳥 (ふしちょう)
【ベンケイソウ科カランコエ属】

独特な模様があり、葉の縁にできる子株や挿し穂でふえる。成長が早く、多湿が苦手。秋に赤い花を咲かせる。寒さにやや弱い。生育は夏型。

紅葉	紫〜褐色
サイズ感	高
役割	動きを出す

ラベンダー
【ベンケイソウ科セダム属】

とても丈夫で育てやすい強健種。サクサグラレによく似た形で、寒さに当たると紫色に色づく。上に向かって伸びる。生育は春秋型。

紅葉	紫〜ピンク
サイズ感	高
役割	動きを出す

デビー
【ベンケイソウ科グラプトベリア属】

生育期はピンクを帯びたグレーで、紅葉するとピンク色が濃くなる。多湿だと腐りやすいので風通しよく育てる。生育は春秋型。

紅葉	ピンク
サイズ感	大
役割	アクセント

アメジスティヌム
【ベンケイソウ科グラプトペタルム属】

通年紫系の色で、寒さに当たると濃くなる。ぷっくりとした葉は、表面にうっすらとパウダーをまとっている。丈夫で育てやすい。生育は春秋型。

紅葉	紫〜ピンク
サイズ感	大
役割	アクセント

月美人 (つきびじん)
【ベンケイソウ科パキフィツム属】

生育期はピンクを帯びたグレーで、ピンクに紅葉する。水は葉にかからないように株元に与える。夏は水を控えめにし、蒸れに注意。生育は春秋型。

紅葉	ピンク
サイズ感	大
役割	アクセント

キュービックフロスト
【ベンケイソウ科エケベリア属】

角張って肉厚な葉形が特徴。ピンクを帯びたグレーの葉は、紅葉するとピンクが濃くなる。丈夫でふやしやすい。過湿に注意する。生育は春秋型。

紅葉	ピンク
サイズ感	大
役割	アクセント

朧月 (おぼろづき)
【ベンケイソウ科グラプトペタルム属】

強健で育てやすく、庭植えもできるが、夏の高温多湿に注意する。大株になると茎に動きが出る。春に白い星形の花を咲かせる。生育は春秋型。

紅葉	紫〜ピンク
サイズ感	大
役割	アクセント

ピンクプリティー
【ベンケイソウ科グラプトベリア属】

紅葉すると縁がうっすらピンク色になる。丈夫で育てやすい。日当たりと風通しがよい場所で育てる。生育は春秋型。

紅葉	ピンク
サイズ感	大
役割	アクセント

オーロラ
【ベンケイソウ科セダム属】

丈夫で育てやすい強健種。生育期は淡い緑で、グラデーションのかかったピンクに紅葉する。日当たりが悪いと徒長しやすい。生育は春秋型。

紅葉	ピンク
サイズ感	中
役割	アクセント

女雛 (めびな)
【ベンケイソウ科エケベリア属】

紅葉するとピンクの縁取りが濃くなる。子株がよくふえ、丈夫で育てやすい。日当たりが悪いと徒長するので注意。生育は春秋型。

紅葉	ピンク
サイズ感	大
役割	アクセント

スノーキャンディー
【ベンケイソウ科セデベリア属】

スノージェイドを少しふっくらさせた形の葉。紅葉すると縁からピンク色になる。周囲に子株ができてふえる。夏は半日陰で管理。生育は春秋型。

紅葉	ピンク
サイズ感	中
役割	アクセント

プロリフェラ
【ベンケイソウ科セダム属】

生育期は灰緑色のロゼット形で、紅葉するとピンクを帯びる。親株の周囲に子株をふやして群生する。夏は水を控えて半日陰で管理。生育は春秋型。

紅葉	ピンク
サイズ感	中
役割	アクセント

姫秋麗 (ひめしゅうれい)
【ベンケイソウ科グラプトペタルム属】

淡いピンクに紅葉する小さな葉が魅力。葉がぽろぽろと取れやすいので、やや植えにくい。落ちた葉をばらまいておくだけでふえる。生育は春秋型。

紅葉	ピンク
サイズ感	小
役割	アクセント

リトルミッシー
【ベンケイソウ科クラッスラ属】

斑入り葉にピンクの縁取りがあり、紅葉すると濃くなる。横に広がるため切り戻して挿し芽にするとよい。多湿と冬の霜に注意。生育は春秋型。

紅葉	ピンク
サイズ感	小
役割	カバーする

レモータ
【ベンケイソウ科クラッスラ属】

産毛のような質感が特徴的。生育期は灰緑色で紫色に紅葉する。長く伸びたら切り戻す。寒さには比較的強いが、高温多湿に注意。生育は春秋型。

紅葉	紫
サイズ感	小
役割	アクセント

ボルゲンシー
【ベンケイソウ科クラッスラ属】

紫色の斑点模様が入る小さな葉で、紅葉すると全体が紫色になる。星形の白い小花が愛らしい。日当たりを好み、夏の多湿に注意。生育は春秋型。

紅葉	紫
サイズ感	小
役割	動きを出す

ドラゴンズブラッド
【ベンケイソウ科セダム属】

通年赤紫色の葉で、紅葉するとさらに濃い紫色になる。暑さ寒さと乾燥にも強く、丈夫で育てやすい。冬は全体がやや小さく縮む。生育は春秋型。

紅葉	紫
サイズ感	小
役割	カバーする

トリカラー
【ベンケイソウ科セダム属】

生育期は斑の縁がピンクを帯びた白で、紅葉すると全体が濃いピンクになる。暑さ寒さに強く丈夫だが、冬は葉が縮む。乾燥に強い。生育は春秋型。

紅葉	ピンク
サイズ感	小
役割	カバーする

紅葉時

紅葉時

ダシフィルム パープルヘイズ
【ベンケイソウ科セダム属】

ダシフィルムの大型種で、紫色に紅葉する。日当たりと風通しのよい場所で乾燥気味に育てる。初夏に淡い白い花を咲かせる。生育は春秋型。

紅葉	紫
サイズ感	小
役割	カバーする

パリダム
【ベンケイソウ科セダム属】

生育期は緑色で紅葉するとピンク色を帯びる。丈夫でよくふえる。初夏に白い花を咲かせる。夏は水やりを控えめに。生育は春秋型。

紅葉	ピンク
サイズ感	小
役割	カバーする

ルビーネックレス
【キク科オトンナ属】

別名、紫月。細長い葉が紫色の茎で連なり、濃い紫色に紅葉。春か秋に黄色い花を咲かせる。丈夫で、関東以西では戸外で越冬する。生育は冬型。

紅葉	紫
サイズ感	垂
役割	アクセント

黄～黄緑系に色づくグループ

新芽や紅葉期に葉が黄色く変化したり、黄色が冴えて美しくなる品種を紹介します。

青鎖竜（せいさりゅう）
【ベンケイソウ科クラッスラ属】

別名、ムスコーサ。鱗状の小葉が密についた細長い茎を伸ばす。日照不足や多湿で徒長する。生育期は緑色で、黄褐色に紅葉する。生育は春秋型。

紅葉	黄褐
サイズ感	高
役割	動きを出す

ピーチプリデ
【ベンケイソウ科エケベリア属】

紅葉すると黄色くなり、葉の縁が淡いオレンジ色に染まる。日当たりと乾燥気味を好む。日照不足や多肥だと徒長し、傷みやすい。生育は春秋型。

紅葉	黄
サイズ感	大
役割	アクセント

銘月（めいげつ）
【ベンケイソウ科セダム属】

つやがある黄色の葉で、紅葉すると黄色が濃くなる。とても丈夫で育てやすく、上に伸びやすい。春に白い星形の花を咲かせる。生育は春秋型。

紅葉	黄
サイズ感	大
役割	アクセント

黄麗（おうれい）
【ベンケイソウ科セダム属】

別名、月の王子。生育期は黄緑色で、紅葉すると黄色が濃くなる。セダムの中では大型で、上に伸びる。とても丈夫で育てやすい。生育は春秋型。

紅葉	黄緑～黄
サイズ感	大
役割	アクセント

アクレ アウレウム
【ベンケイソウ科セダム属】

新芽と紅葉の黄色が美しく、寄せ植えに入れると明るくなる。生育期は緑色になるので、挿し芽で新しい芽を伸ばして更新する。生育は春秋型。

紅葉
黄(新芽:黄)
サイズ感
小
役割
カバーする

ゴールデンカーペット
【ベンケイソウ科セダム属】

新芽と紅葉が黄色で、生育期は明るい緑色。日当たりが悪いと間延びする。夏は葉焼けと高温多湿に注意し、半日陰で乾燥気味に。生育は春秋型。

紅葉
黄
サイズ感
小
役割
カバーする

斑入りタイトゴメ
【ベンケイソウ科セダム属】

紅葉すると黄色の斑が冴えて美しい。新芽の発色がよいので、伸びたら切って挿し芽で更新する。夏は水を控えめにし、蒸れに注意。生育は春秋型。

紅葉
黄
サイズ感
小
役割
カバーする

緑〜淡い緑系で
比較的色の変化が少ないグループ

さわやかな緑色やパウダーグリーンの葉で、主に寄せ植えのベースになる品種を紹介します。

若緑 (わかみどり)
【ベンケイソウ科クラッスラ属】

葉は小さなうろこ状で密につく。草丈が伸びたら切り戻すと分岐して増える。乾燥気味に育て、冬は霜や凍結に注意する。生育は春秋型。

常緑
緑
サイズ感
高
役割
動きを出す

姫緑 (ひめみどり)
【ベンケイソウ科クラッスラ属】

繊細なうろこ状の葉がつながった細いひも状の草姿。切り戻すと分枝して群生する。夏は風通しのよい半日陰で乾燥気味に育てる。生育は春秋型。

常緑
明るい緑
サイズ感
高
役割
動きを出す

グリーンペット
【ベンケイソウ科ビラディア属】

丈夫で育てやすい強健種。生育期は鮮やかな緑で、赤く紅葉する。伸びたら好きなところで切って土に挿せばどんどんふえる。生育は春秋型。

紅葉
赤(生育期:緑)
サイズ感
高
役割
動きを出す

ゴーラム
【ベンケイソウ科クラッスラ属】

別名、宇宙の木。成長すると株元が木化して分枝し、上に伸びる。日当たりと風通しよく育てる。筒状の葉先が赤く紅葉する。生育は夏型。

紅葉
赤(生育期:黄緑)
サイズ感
高
役割
動きを出す

ペンデンス
【ベンケイソウ科コチレドン属】

緑の葉が黄色く紅葉して葉先が赤くなる。コロコロした葉で、伸びると垂れる。寒さに弱いので冬は室内や軒下で保護し、霜に注意。生育は春秋型。

紅葉
黄(生育期：緑)
サイズ感
高
役割
動きを出す

十字星 (じゅうじぼし)
【ベンケイソウ科クラッスラ属】

舟形の葉を十字につけ、上に伸びる。切ると、そこから分岐してふえる。日当たりと風通しよく育てる。冬は葉先が赤く紅葉する。生育は春秋型。

紅葉
縁が赤 (生育期：黄緑)
サイズ感
高
役割
アクセント

小米星 (こまいぼし)
【ベンケイソウ科クラッスラ属】

別名、姫星。星形の葉が魅力。よく分枝し、上に伸びる。育てやすい。切り戻したら挿し芽をするとよくふえる。生育は春秋型。

紅葉
縁が赤 (生育期：黄緑)
サイズ感
高
役割
動きを出す

ファンクイーン
【ベンケイソウ科エケベリア属】

マットな緑色で、バラの花のような形が美しく、大きく育つ。春にオレンジ色の花が咲く。丈夫で徒長しにくい。生育は春秋型。

常緑
明るい緑
サイズ感
大
役割
アクセント

マーガレットレッピン
【ベンケイソウ科グラプトベリア属】

葉が密につき、整ったロゼット形。冬には外側がうっすらとピンクになる。夏は涼しく管理する。丈夫で育てやすい。生育は春秋型。

常緑
淡い緑 (紅葉：淡いピンク)
サイズ感
大
役割
アクセント

乙女心 (おとめごころ)
【ベンケイソウ科セダム属】

丸くて曲がった葉の先が紅葉するとほんのり赤くなる姿が愛らしい。夏の高温多湿と徒長に注意。脇芽がどんどん出てふやしやすい。生育は春秋型。

常緑
緑 (紅葉：赤)
サイズ感
大
役割
動きを出す

静夜 (せいや)
【ベンケイソウ科エケベリア属】

先端がピンクで密につく葉が美しい。初夏に濃いオレンジ色の花が咲く。上に伸びたら切ってふやす。夏は水を控えて半日陰に。生育は春秋型。

常緑
淡い緑
サイズ感
大
役割
アクセント

ロッティー
【ベンケイソウ科セダム属】

肉厚で丸くぷっくりとした葉は表面が粉をふいたような質感。夏は水を控えて半日陰に置き、冬は霜よけを。脇芽が伸びて群生する。生育は春秋型。

常緑
淡い緑
サイズ感
大
役割
アクセント

マクドガリー
【ベンケイソウ科グラプトペタルム属】

ランナーの先に子株をつけて群生するので、切り分けてふやす。冬に葉先が紫色になる。高温多湿に弱い。夏と冬は水やりを控える。生育は春秋型。

常緑
淡い緑
サイズ感
大
役割
アクセント

テネラ
【ツルボラン科ハオルチア属】

透明感のある緑色がさわやか。細かい鋸歯のある葉で、子株が吹きやすい。夏は水を控えめにし、半日陰に。丈夫で育てやすい。生育は春秋型。

常緑
淡い緑
サイズ感
大
役割
アクセント

マッコス
【ベンケイソウ科セデベリア属】

紅葉すると黄味が強くなり、葉の縁の赤が映える。小型のロゼット型でよく分枝し、周囲に子株がふえる。夏は半日陰に移動する。生育は春秋型。

常緑
淡い緑 (紅葉：縁が赤)
サイズ感
中
役割
アクセント

スノージェイド
【ベンケイソウ科セデベリア属】

青みを帯びたロゼット形の葉で、紅葉すると縁からオレンジ色を帯びる。上に向かって伸びる。夏の暑さにはやや弱いので注意。生育は春秋型。

常緑
淡い緑 (紅葉：縁がオレンジ)
サイズ感
中
役割
アクセント

クリスタル
【ベンケイソウ科グラプトベリア属】

周囲に脇芽を出して密にふえる。丈夫なので、株分けして植える。淡い緑色で、冬は縁が淡いピンクになる。夏は涼しく管理する。生育は春秋型。

常緑
淡い緑 (紅葉：縁がピンク)
サイズ感
中
役割
アクセント

群月花 （ぐんげつか）
【ベンケイソウ科セデベリア属】

別名、群月冠、スプリングジェイド。整ったロゼット形で子株が群生する。夏は半日陰に移動し、水を控えめに。冬は凍結に注意。生育は春秋型。

常緑
薄い緑 (紅葉：先端がピンク)
サイズ感
中
役割
アクセント

天使の雫 （てんしのしずく）
【ベンケイソウ科セダム属】

パウダーをまとったふっくらした葉。茎が伸びて木立ち状になるので、切り戻して育てる。夏は水を控えめに涼しく管理する。生育は春秋型。

常緑
薄い緑 (紅葉：黄色を帯びる)
サイズ感
中
役割
アクセント

ウィンクレリー
【ベンケイソウ科セダム属】

葉がベタベタしている。周囲に子株がどんどんふえる丈夫な品種。春に白い花が咲く。夏は水をやや控えめに涼しく管理する。生育は春秋型。

常緑
緑
サイズ感
中
役割
アクセント

モリムラマンネングサ
【ベンケイソウ科セダム属】

道端などでもよく見かけるほど、丈夫でどんどんふえる。日当たりがよい石垣などのグラウンドカバーに最適。春に黄色の花が咲く。生育は春秋型。

常緑
緑(紅葉：赤褐色)
サイズ感
小
役割
カバーする

ブロウメアナ
【ベンケイソウ科クラッスラ属】

生育が早く、よく分枝して群生する。秋に小さな白い花が咲く。夏は直射日光と過湿を避け、風通しよく管理。冬は霜に注意。生育は春秋型。

常緑
葉が淡い緑、 茎が紫
サイズ感
小
役割
動きを出す

青緑色系で
比較的色の変化が少ないグループ

青みがある緑色やパウダーがかったブルーグリーンで、寄せ植えに変化を出す品種を紹介します。

グリーンネックレス
【キク科セネシオ属】

別名、緑の鈴。風通しのよい半日陰で管理し、葉にしわが入ってきたら水を与える。肥料ぎれしないように液肥を薄めて与える。生育は春秋型。

常緑
緑
サイズ感
垂
役割
動きを出す

七福神 (しちふくじん)
【ベンケイソウ科エケベリア属】

丸い葉で寒さに強く、エケベリアの中では強健種。庭植えでもよく育ち、成長すると20cmほどになる。日当たりと乾燥気味を好む。生育は春秋型。

常緑
青緑 (紅葉:縁がピンク)
サイズ感
大
役割
アクセント

立田 (たつた)
【ベンケイソウ科パキベリア属】

別名、シャイアン。紅葉すると葉の縁が淡いピンクに染まる。夏の暑さに弱く、雨の当たらない半日陰で涼しく管理。寒さには強い。生育は春秋型。

常緑
青緑 (紅葉:縁がピンク)
サイズ感
大
役割
アクセント

霜の朝 (しものあした)
【ベンケイソウ科パキベリア属】

別名、パウダーパフ。青緑色で全体に白い粉をまとって美しい。夏の蒸れが苦手。水やりは春と秋は週1回、夏と冬は月1回が目安。生育は春秋型。

常緑
青緑 (紅葉:縁がピンク)
サイズ感
大
役割
アクセント

フーケリー
【ベンケイソウ科パキフィツム属】

白い粉をまとった青緑色で肉厚な葉。夏は涼しい半日陰に移動する。茎が伸びたら切り戻すと、株元から子株を出して群生する。生育は春秋型。

常緑
青緑 (紅葉:先端が薄紫)
サイズ感
大
役割
アクセント

ダシフィルム
【ベンケイソウ科セダム属】

青緑色で繊細な葉だが、丈夫でふやしやすい。高温多湿が苦手で夏の蒸れに弱いため、風通しのよい場所で乾燥気味に育てる。生育は春秋型。

常緑
青緑
サイズ感
小
役割
カバーする

マジョール
【ベンケイソウ科セダム属】

青緑色で密についた小さな葉が魅力。伸びたら切り戻して挿し芽にするとよくふえる。高温多湿に弱いので、夏は乾き気味に管理。生育は春秋型。

常緑
青緑
サイズ感
垂
役割
動きを出す

シルバー系で
葉色の変化が少ないグループ

シックなシルバーがかった葉で、寄せ植えのアクセントや
まとめ役になる品種です。

白銀の舞（はくぎんのまい）
【ベンケイソウ科カランコエ属】

白い粉をまとい、春にピンクの花を咲かせる。伸び過ぎたら切り戻す。夏は蒸れに注意し、半日陰に移動。暖地では屋外で越冬する。生育は夏型。

| 常緑 |
| シルバー〜紫色 |
| サイズ感 |
| 大 |
| 役割 |
| アクセント |

レフレクサム
【ベンケイソウ科セダム属】

グレーがかった色で、冬はうっすらと紫を帯びる。長く伸びると気根が出てだらしなくなるので、適宜切り戻す。丈夫で育てやすい。生育は春秋型。

| 常緑 |
| グレー (紅葉:紫) |
| サイズ感 |
| 高 |
| 役割 |
| 動きを出す |

ウェルデルマニー
【カナボウノキ科ポーチュラカリア属】

蜘蛛の巣がかかったような白い毛に覆われた葉が特徴的。寒さに弱いので冬は室内に。春から秋に繰り返しピンク色の花を咲かせる。生育は夏型。

| 常緑 |
| グレー (紅葉:薄紫) |
| サイズ感 |
| 高 |
| 役割 |
| 動きを出す |

白兎（しろうさぎ）
【ベンケイソウ科カランコエ属】

全体が白い毛に覆われ、葉の縁にある斑の色も薄い。葉がギザギザしているのが特徴。夏の直射日光と多湿が苦手。寒さにやや弱い。生育は夏型。

| 常緑 |
| シルバー |
| サイズ感 |
| 大 |
| 役割 |
| アクセント |

トップスプレンダー
【ベンケイソウ科エケベリア属】

別名、トップシータビー。葉が折れているような形が特徴。通年ブルーグレーの葉が美しく、丈夫で育てやすい。過湿に注意する。生育は春秋型。

| 常緑 |
| ブルーグレー |
| サイズ感 |
| 大 |
| 役割 |
| アクセント |

フロスティー
【ベンケイソウ科エケベリア属】

白く細かい毛に覆われた葉で、秋から冬は青みがやや強くなる。過湿が苦手で、梅雨時期から雨の当たらない半日陰に移動する。生育は春秋型。

| 常緑 |
| シルバーグリーン |
| サイズ感 |
| 大 |
| 役割 |
| アクセント |

薄氷（はくひょう）
【ベンケイソウ科グラプトベリア属】

別名、姫朧月。かっちりと整ったロゼット形。暑さにも寒さにも比較的強く、育てやすい強健種。葉挿しでも簡単にふやせる。生育は春秋型。

| 常緑 |
| シルバーグリーン |
| サイズ感 |
| 大 |
| 役割 |
| アクセント |

だるま秋麗 (だるましゅうれい)
【ベンケイソウ科グラプトペタルム属】

ぷっくりした丸い葉がかわいい。生育期はグレーで、淡いピンクに紅葉する。暑さ寒さに強く、丈夫で育てやすい。葉挿しもできる。生育は春秋型。

常緑
シルバー (紅葉:淡いピンク)
サイズ感
中
役割
アクセント

福兎耳 (ふくとじ)
【ベンケイソウ科カランコエ属】

ふわふわした白い毛に覆われた葉で、冬は白が濃くなる。花色も白い。生育は緩やかでコンパクト。冬はほぼ断水し、霜に注意。生育は夏型。

常緑
シルバー〜白
サイズ感
中
役割
アクセント

粉雪 (こなゆき)
【ベンケイソウ科セダム属】

新芽がパウダーを帯びる。上に向かって伸び、生育は緩やかで、比較的暑さにも寒さにも耐える。日当たりと風通しのよい場所を好む。生育は春秋型。

常緑
グレー (紅葉:淡い紫)
サイズ感
中
役割
動きを出す

白雪ミセバヤ (しらゆきみせばや)
【ベンケイソウ科セダム属】

白い粉で覆われ、春から秋は灰緑色で、冬は中心が白くなる。高温多湿に弱いので夏は風通しがよい半日陰に置き、水やりは夕方に。生育は春秋型。

常緑
シルバー〜白
サイズ感
小
役割
カバーする

白い斑入りの葉で
葉色の変化が少ないグループ

緑と白い斑入りのさわやかな葉で
寄せ植えをまとめたり、
アクセントにもなる品種です。

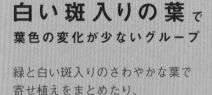

オノマンネングサ
【ベンケイソウ科セダム属】

別名、姫笹。笹のような細い葉に白い斑が入る。冬に白い斑の部分がほんのりピンク色に。風通しのよい半日陰で乾燥気味に育てる。生育は春秋型。

常緑
緑と白 (紅葉:淡いピンク)
サイズ感
小
役割
カバーする

斑入りマルバマンネングサ
(ふいりまるばまんねんぐさ)
【ベンケイソウ科セダム属】

葉の緑に白い覆輪が入る。這うように広がって伸びる。暑さ寒さに強く、育てやすい。初夏に黄色い花を咲かせる。夏は半日陰で管理。生育は春秋型。

常緑
緑と白 (紅葉:淡いピンク)
サイズ感
垂
役割
カバーする

斑入りグリーンネックレス
(ふいりぐりーんねっくれす)
【キク科セネシオ属】

白い斑が不規則に入って美しい。水分を好むが過湿による蒸れは苦手なので、夏は半日陰に。春に白い半球状の花を咲かせる。生育は春秋型。

常緑
緑と白
サイズ感
垂
役割
動きを出す

多肉植物の
育て方と管理のコツ
How to grow SUCCULENTS

多肉植物は世界のさまざまな地域に自生しており、
日本で育てる際には大きく分けて3つのパターンがあります。
栽培・管理のコツやふやし方、
作った寄せ植えのリフォームのほか、かわいい寄せ植えを
作るための便利なグッズも紹介します。

春 秋 型

周年、適度な水やりが必要

紅葉が美しいものが多い

・エケベリア属
・クラッスラ属（一部）
・グラプトセダム属
・グラプトペタルム属
・グラプトベリア属

・コチレドン属
・セダム属
・セデベリア属
・セネシオ属（一部）
・ハオルチア属
・パキフィツム属
・パキベリア属
・ビラディア属 など

主に春と秋のおだやかな気候のときに生育し、夏や冬には生育が緩やかになるか、休眠するタイプが春秋型です。

寄せ植えやアレンジに適した種類が多く、本書で紹介する多くの多肉植物がこのタイプになります。

比較的草花に近い感覚で育てられ、丈夫であまり手間がかかりません。

熱帯や亜熱帯の高原が原産地であることが多く、夏の高温多湿がやや苦手です。冬は霜に当てないように注意しますが、比較的寒さに強いものが多いです。

寒さに当たると美しく紅葉するものも多く、寄せ植えのアクセントになります。

セダム 虹の玉
紅葉で真っ赤になる。紅葉が美しい多肉植物の代表的な品種

エケベリア
ピーチプリデ
寒さに当たると黄色に変化する

ハオルチア テネラ
透明感があるさわやかな緑色で、周年みずみずしい印象

● 春秋型の生育パターン

	1月	2月	3月	4月	5月	6月	7月	8月	9月	10月	11月	12月
生育の状況	休眠か半休眠		生育				休眠か半休眠		生育			休眠か半休眠
水やり	控えめに		1週間に1〜2回たっぷりと				控えめに		1週間に1〜2回たっぷりと			控えめに
日当たり		よく日に当てる					明るい半日陰に		よく日に当てる			
風通し			できるだけ風通しよく				風通しよくする		できるだけ風通しよく			
肥料			薄めの液肥か置き肥						薄めの液肥か置き肥			
植えかえや挿し芽			適期						適期			

＊控えめに…植物の様子を見ながら10〜14日に1回程度

多肉植物の生育サイクル
夏型

春から夏、秋の暖かい時期に生育し、冬に休眠したり、生育が緩やかになるタイプが夏型です。

熱帯原産の多肉植物の多くがこのグループで、気温20～30度でよく生育します。

ただし、中には夏の高温多湿に弱い種類もあるので、盛夏はできるだけ風通しのよい場所で涼しく過ごさせましょう。

冬の休眠期は水分を吸収しないので、水やりを減らすか休止します。寒さが苦手で、5度以下になると傷んでしまうものがあります。霜に当たると溶けるように枯れるものもあり、注意が必要です。日の当たる軒下や無加温の室内で保護します。

主な夏型の特徴と種類

冬の休眠期は水を控えるか断水する

毛が生えていたりユニークな姿

・アガベ属　　　　　　・プレクトランサス属
・オロスタキス属　　　・ポーチュラカリア属
・カランコエ属　　　　・ユーフォルビア属（一部）
・クラッスラ属（一部）・サボテン科の多肉植物 など

カランコエ 白兎
もふもふの白い毛で覆われたシルバーリーフで、ウサギのよう

クラッスラ ゴーラム
葉の先が筒状になった不思議な形で、「宇宙の木」の別名も納得

ポーチュラカリア ヴェルデルマニー
白い蜘蛛の巣のような毛に覆われた葉がユニークで目を引く

● 夏型の生育パターン

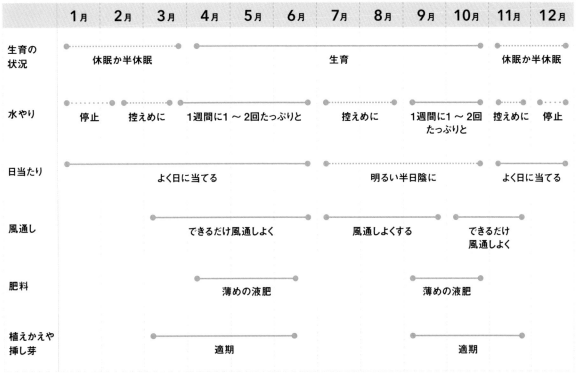

	1月	2月	3月	4月	5月	6月	7月	8月	9月	10月	11月	12月
生育の状況	休眠か半休眠			生育							休眠か半休眠	
水やり	停止	控えめに		1週間に1～2回たっぷりと			控えめに		1週間に1～2回たっぷりと		控えめに	停止
日当たり	よく日に当てる						明るい半日陰に				よく日に当てる	
風通し			できるだけ風通しよく				風通しよくする			できるだけ風通しよく		
肥料				薄めの液肥					薄めの液肥			
植えかえや挿し芽			適期						適期			

＊控えめに…植物の様子を見ながら10～14日に1回程度

冬 型

主に秋から冬、春までの比較的涼しい時期に生育し、夏に休眠するか、生育が緩やかになるタイプが冬型です。

日本の夏の高温多湿が苦手で、冬型といっても寒さに強いわけではありません。気温が5〜20度の風通しがよい環境で生育します。

冬に雨が多い地中海沿岸やヨーロッパの山地、南アフリカの高原などが主な原産地です。霜に当たると溶けるように枯れたり傷むため、無加温の室内や日当たりのよい軒下などで保護します。

夏の休眠期は水やりを控え、盛夏は半日陰に移動してできるだけ風通しよくし、涼しく過ごさせるとよいでしょう。

主な冬型の特徴と種類

夏の休眠期は水やりを控えるか断水

夏は風通しのよい半日陰に移動

- アエオニウム属
- オトンナ属
- エキヌス属
- オスクラリア属
- オロスタスキス属（一部）
- クラッスラ属（一部）
- センペルビウム属 など

アエオニウム
小人の祭り

小さな葉にユニークな縞模様が入り、紅葉すると濃い赤になる

アエオニウム
黒法師

日当たりがよい場所では赤紫色が冴え、紅葉するとさらに濃くなる

オトンナ
ルビーネックレス

濃い赤紫色に紅葉し、特に茎の色が鮮やか。垂れて長く伸びる

●冬型の生育パターン

	1月	2月	3月	4月	5月	6月	7月	8月	9月	10月	11月	12月
生育の状況	生育					休眠か半休眠				生育		
水やり	やや控える	1週間に1〜2回たっぷりと		控えめに		停止			控えめに		1週間に1〜2回たっぷりと	
日当たり	よく日に当てる					明るい半日陰に	半日陰		明るい半日陰に	よく日に当てる		
風通し			できるだけ風通しよく			風通しよくする					できるだけ風通しよく	
肥料			薄めの液肥							薄めの液肥		
植えかえや挿し芽									適期			

＊控えめに…植物の様子を見ながら10〜14日に1回程度

夏越しと冬越しの ポイント

日本で多肉植物を育てる場合、夏越しと冬越しがうまくできるかが栽培のポイントになります。種類によっても耐暑性や耐寒性が異なりますが、夏越しと冬越しのコツを紹介します。

夏越し

盛夏は半日陰に移動して 風通しよく管理する

多肉植物の原生地には、日本よりも高温多湿にならない地域があるため、梅雨時期と夏の直射日光と秋の長雨に弱い種類があります。梅雨時期になったら、雨の当たらない軒下などに移動するとよいでしょう。また、夏の直射日光や西日に当たると、蒸れて株が傷むため、風通しのよい半日陰で栽培しましょう。

木陰やひさしのある軒下に移動して、風通しのよい台の上などに置く。

左・西日に当たると、蒸れて傷んでしまうことがある。西日が当たらない場所に移動する。
上・夏場は水やりを控えめにし、蒸れないように管理する。

冬越し

霜に当たらない工夫をしたり 明るい室内で無加温の場所に

耐寒性があるものでも、霜に当たると溶けるように枯れてしまうものがあります。暖かい軒下に移動したり、霜よけとして寒冷紗や霜よけカバーをかける方法もあります。栽培棚にビニールシートをかけてもよいでしょう。寒さに弱い種類は、明るい室内で無加温の場所に取り込むのもひとつの方法です。

上・霜に当たって一部が変色して溶けてしまったビアーホップ。
右・霜よけに果物用のケースを利用してもよい。ホームセンターでビニールシートや霜よけカバーも販売されている。

カランコエなどの温暖な地域が原産地のものは、明るい無加温の室内に取り込んでもよい。

多肉植物の
手軽なふやし方

本書で紹介する寄せ植え向きの多肉植物は、比較的手軽にふやせます。身近にある道具や用土を使って上手にふやし、寄せ植え作りに生かしましょう。

葉挿し

葉を外して用土の上に置くだけで、約2週間後に小さな芽や根が出ます。エケベリア、セダム、カランコエ、クラッスラ、グラプトセダムなどが適し、生育期に行います。

草丈が伸びすぎ、下葉が落ちてしまったグラプトセダム 秋麗。

1 下の方の大きな葉を外す。

2 用土を入れた鉢の上に置く。芽が出るまでは水やりしない。

3 芽が出て根が伸びてきたら水やり開始。元の葉はしなびてくる。

挿し芽

茎を長めに切って用土に挿します。エケベリアやクラッスラなどは切り口を乾かしてから挿し、セダムやアエオニウム、セネシオなどは切ってすぐに挿します。

成長するにつれて長く伸びて、草姿が乱れてきたセダム バリダム。

1 長く伸びた茎を切り、下葉を取って挿し穂を作る。

2 ピンセットで切った挿し穂をつかみ、乾いた用土に茎を深く差し込む。

3 半日陰の雨が当たらない場所に置き、約2週間後から水やりを開始する。根が伸びて活着する。

株分け

親株の周囲に多数の子株が出て、株が広がってふえるセダムやクラッスラなどに適しています。生育期に行い、株分け後にはすぐに水をたっぷり与えます。

ポットのまま育てていたら、密になりすぎてしまったセダム オノマンネングサ。

1 ポットを逆さにしてから、苗をポットから抜き、根の回っている根鉢の下側1/2を切り取る。

2 **1** を手に取り、根が自然に分かれる位置で1/2くらいにやさしく分ける。

3 底に鉢底ネットを敷き、1/3ほど用土を入れた鉢を用意する。

4 **2** で分けた苗を **3** に入れ、用土を足し入れて植えつける。

5 水をたっぷり与えて半日陰で約1週間養生する。

6 1〜2週間で活着する。1か月後には大きく成長した。

寄せ植えの
リフォーム

成長してバランスがくずれてきた多肉植物の寄せ植えは、リフォームでリフレッシュさせれば美観がアップし、さらに長く楽しめます。

部分直しの
リフォーム

BEFORE

植えつけて1年たち、
バランスがくずれてきた。

AFTER

間延びしていたものは
切り戻して植え直す。

一部が乱れたり間延びしても、そのほかはそのまま育てられる場合は、乱れた部分だけを切り戻して植え直し、子株ができたら移植して全体を整えます。

1 茎が長く伸びた株は、下から1/3の位置で切り戻し、挿し穂状にする。

2 葉が先端だけになってしまったものは、株元から2〜3cm残して切り戻す。

3 親株の下にできた子株は、できるだけ根を切らないようにピンセットで別の鉢に移植する。

4 切り戻した株の近くに、ピンセットで深さ3cmくらいの植え穴をあける。

5 **1**で切り戻した挿し穂を**4**であけた穴に挿し込んで植え直す。

6 **2**で切り戻した株を少し切り戻して整え、ピンセットでつかんでバランスよく植え直す。

新たに植え足す
リフォーム

BEFORE

植えつけて3年たち、1種類だけが残ったが、ほかの株は枯れてしまった。

AFTER

間延びしていたものは
切り戻して植え直し、
新たに苗を植え足した。

植えつけ後、かなり時間が経過し、1種類くらいしか残っていない場合は、残っている株を切り分けて仕立て直し、新たな苗を植え足して作り直します。

1 長く伸びた株を切り分け、根と葉のある部分と挿し穂状の葉と茎がある部分に分ける。

2 新たに苗を用意して、既存の株の脇に植え足す。

3 ピンセットで茎をつかみ、**1**で切り分けた挿し穂を元の鉢にバランスよく植え直す。

かわいい器を作る
道具や資材

かわいい寄せ植え用の器を作るのに便利な道具や資材を紹介。
100円ショップやホームセンターなどで手軽に入手できます。

● 塗料やペン、接着剤

プライマー
缶などに塗料を塗るための
下塗り剤。

水性耐候性ニス
水分や紫外線から守る効果
があるニス。

アクリル絵の具
水性で塗りやすく、乾くと
耐水性もある。

接着剤
ゼリー状の強力瞬間接着剤
が便利。

鉛筆
型紙から図柄を写すため、
2B以上を推奨。

黒の油性ペン
鉢やドングリなどに図柄を
描けるように、細めのもの
を。

白の油性ペン
缶に図柄を描くため、油性
の速乾性タイプを選ぶ。

デコパージュ専用液
100円ショップでも入手で
きる。下塗りと仕上げ塗りに。

● 道具

筆
アクリル絵の具やプライ
マーを塗るために使用。

スポンジ
食器洗い用のスポンジ。ア
ンティーク調の仕上がりに。

ラジオペンチ
先が細めで、ワイヤーを
切ったり丸めたりする。

キリ
板や缶、プラ鉢などに穴を
あけるために使用。

カッター
型紙を切り抜いたり、消し
ゴムはんこを作る。

金づち
クギで缶の底に穴をあけた
りなど、多用途に便利。

金切りバサミ
空き缶に切り目を入れたり、
お菓子の型をくり抜く。

缶切り
空き缶の底を切り落とすた
めに使用する。

カッターマット
ステンシルの型紙を切り抜
くときなどに使う。

定規
長さを測るほか、木粉ねん
どに筋をつけるのに使用。

ホチキス
クリアファイルを固定する
ため、厚手に使えるものを。

●資材など

梱包用透明テープ
ステンシルの型紙の補強や厚紙に貼って防水する。

ココヤシファイバー
用土や金属面などをナチュラルにカバーする。

木粉ねんど
間伐材などの木の粉が原料で、自然乾燥で固まる。

カラーワイヤー
表面をコーティングしてあり、さびにくく扱いやすい。

カラー麻ひも
ナチュラルな麻ひもをカラフルに着色している。

マスキングテープ
塗装の保護以外にも、模様をデザインやポイントに。

クリアファイル
本書では用土と化粧砂を仕切るために使用。

綿ロープ
木綿製のロープ。100円ショップや手芸店で入手。

太いくぎ
缶の底に水抜き用の穴をあけるのに便利。

麻布
バスケットなどの内側に敷くと用土が流出しない。

巻き簾
巻き寿司や伊達巻卵などを作るものを装飾に使用。

両面テープ
紙や布など手軽に接着できて、接着面が目立たない。

牛乳パック片
使用済みの牛乳パックを洗って乾かし、切ったもの。

タピオカ用ストロー
タピオカドリンクに使う、直径1.2cmの太いストロー。

消しゴム
プラスチック消しゴム。本書では消しゴムはんこに。

トレーシングペーパー
ステンシルを写し取ったり、装飾用にも使える。

カラー厚紙
本書では防水してハロウィンのフラッグに使用。

リボン
仕上げに結ぶと、寄せ植えがかわいくなる。

半円形コーナーガード
家具などの角の緩衝材。100円ショップでも買える。

化粧砂
寄せ植えの株元や表面などに敷いて美観を高める。

小さな寄せ植えに役立つDIY

ステンシルやアンティーク加工など、
ひと手間かけると寄せ植えの鉢や器がおしゃれになる、
知っておきたいDIYのコツを詳しく紹介します。

アンティーク加工

鉢や空き缶、プラスチック製の鉢やポットなどに、プライマーで下塗りをしたあとアクリル絵の具を塗り、スポンジにアクリル絵の具を少量つけてたたき、アンティーク風に見せる方法です。

1 筆でプライマーを薄く均一に塗ってよく乾かす。これで金属やプラスチック製のポットに塗料が塗れるようになる。

2 アクリル絵の具を**1**の上から塗って乾かす。缶に目立つ模様がある場合や材質に差がある場合は、2度塗りするとよい。

3 上から塗り重ねるアクリル絵の具を牛乳パック片に少量出し、スポンジに少しつけて軽くたたいて絵の具の量を調節する。

4 乾いた**2**の上に、細かい点になるようにスポンジを少しずつたたきながら、**3**のアクリル絵の具をつけていく。

凸部を中心に細かい点状の自然な風合いになり、経年変化が出ているように仕上がる。

ワイヤーで固定する

ワイヤー同士を別の短いワイヤーを巻きつけて固定し、フェンスや立体的な支柱などを作る方法です。短いワイヤーを2～3周、きつく巻きつけてつぶし、2つのパーツをつないでいきます。

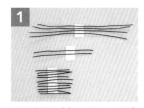

1 ここではワイヤーでフェンスを作るケースを説明。カラーワイヤーの黒色（#20で6cm×10本、9cm×2本、15cm×4本）を用意する。

2 9cmのワイヤー2本は片方の先端をラジオペンチで少し丸めて両側の支柱に、15cmのワイヤーは型紙のようにS字に曲げてパーツを作る。

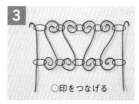

3 曲げたパーツを、型紙を参考にして組み立てる形に並べる。中央が向かい合わせにしてハート形のように。○印をつなげる

4 支柱とS字パーツに6cmのワイヤーを2～3周巻きつけて両側から引っ張り、きつく巻きつける。

5 **4**の巻きつけたワイヤーをラジオペンチの先でつぶして固定する。

6 余ったワイヤーをラジオペンチで切り落とし、先端部は手を傷つけないようにペンチでつぶして内側に曲げる。

7 **4**～**6**を繰り返して、**3**で印をつけたすべての箇所をワイヤーでつなげて固定する。

ワイヤーフェンスの完成。このフェンスは寄せ植えの鉢に挿してガーデングッズとしても楽しめる。

缶の規格について

缶には同じ食品の缶でも様々な種類があります。また、国産のほか、輸入品もあり、大きさに数mmの違いがあります。寄せ植えの器の材料は、同じ缶が必須ではなく、本書に記載された大きさの前後1cm以内であれば、問題なく同様のものが作れます。また、例としてサバ缶には直径7〜7.5cm、高さ4.5〜6cmと大きさに差がありますが、本書に掲載した器では、どの大きさのサバ缶を使用しても問題なく仕上がります。

缶には表面に直接図柄がプリントされたものと、プリントされた紙が巻いてあるものがあります。はっきりした図柄があるものは塗料を2度塗りしてください。紙が巻いてあるものは、紙をはがして使います。

ステンシルをする

厚紙などに図柄を描いて切り抜き、その型を使ってスポンジなどで塗料をたたき塗りした型染めがステンシルです。同じ図柄を複製できます。アクリル絵の具とスポンジを使うと便利です。

1 厚紙やトレーシングペーパーに染めたい図柄を写し取って切り抜き、ステンシルの型を作る。

2 スポンジにアクリル絵の具をなじませ、型の上から軽くたたいて図柄を写し込む。このとき、型は動かさない。

3 型の端までよくアクリル絵の具をたたき込んだら、型紙を外す。

1〜**3**を繰り返してステンシルで図柄を写す。図柄を写す高さや位置を変えるなど工夫する。

プランツハンガーを作る

鉢や器を吊るして飾れる、人気のプランツハンガー。本書では麻ひもを結ぶだけでできる、手軽で便利な作り方を紹介します。麻ひもを好みのカラーロープに変えてもすてきです。

1 45cmのカラー麻ひも8本を束ね、下から2cmの位置で結ぶ。これが1つめの結び目になる。

2 8本を放射状に広げて隣の麻ひもと6cmのところで2本まとめて結び、全部で4か所結ぶ。2つめの結び目の間隔を器の直径と同じ長さに。

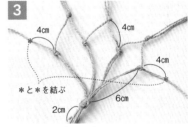

3 すべての隣り合った麻ひもを上側4cmのところで結び、最後に＊印を合わせて結んで、その上4cmのところで隣の麻ひもと結ぶ。

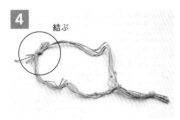

4 上で4本ずつに束ね、しっかりと固結びにする。これでプランツハンガーができた。

5 **4**を広げて上側のひもとひもの間から吊るす器を静かに入れ、中央にバランスよく収まるように位置を確認しながら調節する。

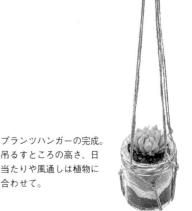

プランツハンガーの完成。吊るすところの高さ、日当たりや風通しは植物に合わせて。

多肉植物や材料の購入先とネットショップ

かわいい多肉植物が入手できる
ショップやガーデンセンター、
資材などが豊富なホームセンターを紹介します。

※2023年8月現在

株式会社 河野自然園 (こうのしぜんえん) ●農園ハウス

多肉植物のほかにも、球根植物や季節の宿根草、園芸資材などを販売。手に入りにくい珍しい球根や寄せ植え向きのセダム類が充実している。各種園芸教室も開催している。

多肉植物の生産や販売、珍しい球根や草花が豊富に揃う。

寄せ植えに適した育てやすい多肉植物がいっぱい。

〒223-0057 神奈川県横浜市港北区新羽町4254
営業時間10：00 ～ 16：00（不定休）
電話：070-5587-2973
横浜市営地下鉄ブルーライン「仲町台駅」より徒歩12分
https://kyukon.com/
＊ネット通販あり

irie + garden&café

一軒家を改装した隠れ家カフェ。ガーデンデザインや植栽は著者が手がけている。多肉植物の寄せ植えワークショップも定期的に開催されている。
カフェは著者の姉が担当。素材を大切に作られたランチやおやつ、ドリンクなどが人気で、ぬか漬け教室などの発酵ワークショップ、旬の採れたて野菜を楽しめるマルシェなども開催。

右・ショップサインも著者の手作りで、多肉植物を植えている。
左・手作りのガーデンが人気。天気のよい日は、庭でゆったり過ごせる。

plants café
（多肉植物の寄せ植えワークショップ）

毎月第3土曜日
ドリンクをいただきながら、気軽に楽しく多肉植物に親しむワークショップ。
申し込みはメールで
irie.garden.cafe@gmail.comへ。

横浜市神奈川区入江1-5-24
TEL：045-633-1240
営業時間：12:00 ～ 18:00
営業日：水、木、金、土　＊日は月2回
＊営業の曜日、時間の変更がある週もあるので、下記インスタグラムかブログで、営業スケジュールを確認してください。
＊3名以上は、要予約。
http:www.instagram.com/irie.garden.cafe
https://www.facebook.com/irie.garden.cafe/
http://ameblo.jp/from-irie/

●ショップ・専門店

鶴仙園 （かくせんえん）西武池袋店
東京都豊島区南池袋1-28-1
西武池袋本店 9階屋上 グリーンショップ 鶴仙園
TEL：03-5949-2958（直通）
https://www.sabo10.tokyo/
＊ネット通販あり

タナベフラワー
神奈川県川崎市宮前区馬絹6-25-8
TEL：044-877-5852
https://www.tanabeflower.com/

錦玉園 （きんぎょくえん）
長野県小諸市南ヶ原3897
TEL：0267-25-0923
https://www.kingyokuen.com/
https://kingyokuen.stores.jp/
＊ネット通販あり

カクタス ニシ
和歌山県和歌山市大垣内688（展示即売場）
TEL：073-477-1233
http://www.cactusnishi.com/
https://cactusnishionline.net/
＊ネット通販あり

●ホームセンター・ガーデンセンター

ジョイフル本田 （本社）
茨城県土浦市富士崎1-16-2
TEL:029-822-2215
https://www.joyfulhonda.com
＊瑞穂店、幸手店、千葉ニュータウン店、宇都宮店など関東に展開　通販あり

the Farm UNIVERSAL CHIBA
千葉県千葉市稲毛区長沼原町731-17
フレスポ稲毛 センターコート内
TEL：043-497-4187
https://the-farm.jp/chiba/
＊ネット通販あり

オザキフラワーパーク
東京都練馬区石神井台4-6-32
TEL：03-3929-0544
https://ozaki-flowerpark.co.jp/
＊ネット通販は一部の植物のみ

コーナン
大阪府大阪市淀川区西宮原2-2-17
TEL:06-6397-1621
https://www.kohnan-eshop.com/
＊ネット通販あり（資材・道具など）

＊営業日や営業時間は、各店のウェブサイトを確認してください。

【あ】

アクレ アウレウム …………………77
アメジスティヌム …………………74
ウィンクレリー …………………79
ウェルデルマニー…………………81
黄麗（おうれい）…………………76
オーロラ …………………………74
乙女心（おとめごころ）…………78
オノマンネングサ ………………82
朧月（おぼろづき）………………74
オレンジドリーム ………………72

【か】

キュービックフロスト …………74
グリーンネックレス ……………80
グリーンペット …………………77
クリスタル ………………………79
黒法師（くろほうし）……………73
群月花（ぐんげつか）……………79
粉雪（こなゆき）…………………82
小人の祭り（こびとのまつり）……73
小米星（こまいぼし）……………78
ゴーラム …………………………77
ゴールデンカーペット …………77

【さ】

七福神（しちふくじん）…………80
霜の朝（しものあした）…………80
十字星（じゅうじぼし）…………78
秋麗（しゅうれい）………………72
白雪ミセバヤ（しらゆきみせばや）…82
白兎（しろうさぎ）………………81
スノーキャンディー ……………75
スノージェイド …………………79
青鎖竜（せいさりゅう）…………76
静夜（せいや）……………………78

【た】

ダシフィルム………………………80
ダシフィルム パープルヘイズ ……76
立田（たつた）……………………80
だるま秋麗（だるましゅうれい）…82
月美人（つきびじん）……………74
テネラ ……………………………79
デビー ……………………………74
天使の雫（てんしのしずく）………79
トップスプレンダー ……………81
ドラゴンズブラッド………………75
トリカラー ………………………75

【な】

虹の玉（にじのたま）……………72

【は】

白銀の舞（はくぎんのまい）………81
薄氷（はくひょう）………………81
パリダム …………………………76
火祭り（ひまつり）………………72
姫秋麗（ひめしゅうれい）………75
姫緑（ひめみどり）………………77
ピーチプリデ ……………………76
ピンクプリティー ………………74
ファンクイーン …………………78
斑入りグリーンネックレス
　（ふいりぐりーんねっくれす）………82
斑入りタイトゴメ ………………77
斑入りマルバマンネングサ
　（ふいりまるばまんねんぐさ）………82
フーケリー ………………………80
福兎耳（ふくとじ）………………82
不死鳥（ふしちょう）……………74
ブロウメアナ……………………79
フロスティー ……………………81
プロリフェラ ……………………75
ブロンズ姫（ぶろんずひめ）……72
紅稚児（べにちご）………………73
ペンデンス ………………………78
ボルゲンシー ……………………75
ホワイトストーンクロップ ………73

【ま】

マーガレットレッピン ……………78
マクドガリー ……………………78
マジョール ………………………80
マッコス …………………………79
銘月（めいげつ）…………………76
女雛（めびな）……………………75
モリムラマンネングサ …………79

【や】

大和錦（やまとにしき）…………72

【ら】

ラベンダー ………………………74
リトルジェム ……………………73
リトルビューティー………………73
リトルミッシー …………………75
ルビーネックレス ………………76
レティジア ………………………72
レフレクサム……………………81
レモータ …………………………75
ロッティー ………………………78

【わ】

若緑（わかみどり）………………77

平野 純子
ひらの・じゅんこ

神奈川県横浜市の河野自然園でDIY・ガーデンデザインや、造園会社でガーデン施工を担当した経験から、雑誌やワークショップ等でアイディア豊かな多肉植物の作品を発表している。2017年「国際バラとガーデニングショウ」ではフロントガーデン部門で最優秀賞を受賞。著書に『カンタンDIYで作れる!多肉植物でプチ!寄せ植え』(主婦の友社)、『プチ多肉の寄せ植えアイデア帖』(講談社)など。

Instagram
https://www.instagram.com/wakuwakuplantsfactory/

デザイン／宮巻 麗
編集／澤泉美智子(澤泉ブレインズオフィス)
撮影／杉山和行　澤泉ブレインズオフィス
イラスト／平野純子
撮影協力／竹田 薫　平野真美
取材協力／河野自然園　irie+ garden & café
DTP制作／天龍社
校正／ケイズオフィス

手のひらサイズで楽しむ
はじめての多肉植物の寄せ植え

2023年9月20日　第1刷発行

著　者　平野純子
発行者　木下春雄
発行所　一般社団法人 家の光協会
　　　　〒162-8448　東京都新宿区市谷船河原町11
　　　　電話 03-3266-9029 (販売)
　　　　　　　03-3266-9028 (編集)
　　　　振替 00150-1-4724
印刷・製本　図書印刷株式会社

型紙 **A**

P18／基本のリメイク鉢に植える

型紙 **B**

P38／トマト缶で北欧トロールのおうち

型紙 **C**

P42／コーン缶をメリーゴーランドに

型紙 **D**

P44／サンマの蒲焼き缶のフェンスつきミニ花壇